D0482302

Invierte en Tu Futuro

Estrategias exitosas para manejar tus fondos mutuos y tu 401(k)

Julie Stav
con Lisa Rojany-Buccieri

Traducción al español por
Omar Amador

B

BERKLEY BOOKS, NEW YORK

Para Danny, Tony y Jonathan, mis valores más preciados.

—JS

Para Kristian, Olivia y Chloe, los amores de mi vida.

—LRB

B

Un Libro Berkley
Publicado por The Berkley Publishing Group
Una división de Penguin Putnam Inc.
375 Hudson Street
New York, New York 10014

AGRADECIMIENTOS

A Lisa, quien con tanto amor añadió este libro al tiempo que dedicaba a criar a sus bebés. Tu buen sentido del humor me mantuvo alegre y tu disciplina me mantuvo en el camino hacia la meta. A Val, gracias por tu apoyo y por colaborar cada vez que era necesario. Aprecio tu generosa ayuda. A Diane, gracias por mantener mis pies sobre la tierra, pero dejando que mi mente volara. A Denise: respeto enormemente la calidad de tu labor y la grandeza de tu corazón. A Danny, el viento que impulsa mis alas: gracias por ser mi admirador número uno. Gracias a todos.

—JS

Les debo dar las gracias a tantas personas que me apoyaron cuando nuestras gemelas nacieron justo en medio del proceso de creación del libro, y entre ellas están: Kristian, el mejor papá nuevo que jamás ha existido; nuestros padres y nuestras familias, que tanto amor les dan a mis hijas; y Julie, a quien no le importaron los ruiditos que hacían las bebés al comer. Gracias también a Chuck Hurewitz por presentarme a Julie . . . al fin, un alma gemela que entiende las matemáticas y que me ha enseñado tantas cosas acerca de la vida, y no digamos de finanzas.

—LRB

CONTENIDO

¿Has pensado alguna vez en tus metas financieras y en cuánto dinero necesitarías para realizar tus sueños? Por cierto, ¿cuáles son tus sueños? ¿Enviar a tus hijos a la universidad, comprar una casa, ayudar a tus padres económicamente, poder dejar de trabajar para vivir?

¿Estás ahorrando dinero suficiente para el futuro? ¿Cómo se está portando tu 401(k)? ¿Cómo escoges entre las inversiones que se te ofrecen? ¿Que es mejor comprar, acciones individuales o fondos mutuos? ¿O debes invertir en una cuenta individual de retiro (IRA) o en un certificado de depósito (CD) de dos años? Aunque, por cierto, ¿qué rayos es un IRA o un fondo mutuo? ¡Qué confusión! ¿No es cierto?

Cuando yo pensaba en el futuro de mis finanzas me abrumaba tanto que acababa por hacerme la ilusión de que me había ganado la lotería. Con el premio gordo en la mente, me dejaba llevar por mi imaginación y hacía una lista de las muchas maneras en que me gastaría el dinero: una casa nueva, un viaje alrededor del mundo, una colección de zapatos capaz de despertar los celos de Imelda Marcos. Me ponía a regatear con mi hada madrina y le prometía que donaría la mitad de las ganancias a su obra de caridad favorita si ella tuviera la bondad de regalarme esa lotería. Entonces, cuando pasaba lo que tenía que pasar y otra persona (naturalmente, alguien con menos méritos que yo) se sacaba el billete ganador, yo regresaba al punto de partida, preguntándome cómo rayos iba yo a hacer para invertir en mi futuro. ¿Te ha sucedido esto a ti?

¿En qué te diferencias de las personas que no tienen preocupaciones financieras? ¿En qué te diferencias de las personas que tienen dinero para enviar a sus hijos a la universidad, pagar por sus bodas lujosas y, aun así, hacer realidad un retiro soñado?

Está bien, tal vez algunos heredaron millones del Bisabuelito Ricachón, pero la mayoría probablemente empezó igual que tú. Ellos también trabajaron duro para ganar dinero, esforzándose hora tras hora, asistiendo a reunión tras reunión, lidiando con problema tras problema, trabajando semana tras semana. Y probablemente también lo hacían mientras tenían en la cabeza esa vocecita mortificadora que cuestionaba la estabilidad de su futuro financiero.

La verdadera diferencia entre ellos y tú es solamente esta: ellos se pusieron metas financieras y se comprometieron consigo mismos a darle a sus inversiones una dirección que les permitiría alcanzar esas metas. En breve: tomaron control de su futuro financiero. Y tú también puedes hacerlo. No necesitas contratar a un importante y costoso planificador financiero. La verdad es que *no hay nadie que tenga más intereses creados que tú en el resultado de su planificación financiera*. Por eso es lógico que tengas control de tu dinero. ¿Quién más sabe lo que es importante para ti, cuánto dinero necesitas y cuánto estás dispuesto a arriesgarte para alcanzar tus metas?

Si eres como muchas personas que siguen ciegamente las recomendaciones de un asesor financiero o de un ostentoso gurú monetario sin dedicar tiempo a aprender lo más esencial y mantenerte al tanto de tus opciones de inversión, estás destinado a que en algún momento u otro te encuentres corriendo con la lengua afuera cayéndole atrás a las finanzas que se te han ido de las manos. Pero si has dedicado tiempo a averiguar a dónde quieres llegar con tu dinero, no debes tener dificultades para invertir en tu futuro y hacer realidad tus sueños. Es, sencillamente, cuestión de evaluar tus circunstancias particulares, conocer tus metas, valorar tu temperamento de inversionista y escoger las opciones de inversión correctas.

Después de esta lista aparentemente aterrorizante de cosas por hacer, puede que algunos de ustedes ya hayan empezado a asustarse un poco. Los números no fueron nunca santo de tu devoción y la idea de sumergirte en un mar de cifras o de términos de inversión te resulta tan estimulante como una visita al dentista. ¿Por qué no pueden estos expertos, sencillamente, hablar en español? ¿Por qué no pueden hacer más fáciles todos esos códigos de espionaje típicos de agentes secretos: 401(k), 403(b), W-4, IRA? ¿Por qué todo tiene que ser tan confuso?

Yo también solía asustarme con la jerga financiera y de la bolsa de acciones. Las palabras sofisticadas y las cifras grandes hacían que la cabeza me diera vueltas. Siguiendo la tácita regla de que "las chicas son buenas con las palabras, y los chicos con los números," me sentía orgullosa de mis floridas composiciones escolares, mientras mi hermano siempre sacaba las mejores notas en álgebra. Pero, ¿sabes qué?

El dinero es verde; no es azul ni rosado.

Cuando me empeñé de verdad y me enfrenté al mercado de acciones y a los fondos mutuos, me di cuenta que, realmente, esas palabras y números sofisticados no son muy útiles. Una calculadora, una lupa (escribir esos números tan pequeñitos es tal vez parte del complot para asustarnos), y una fuerte determinación de convertir la palabrería en una buena cantidad de dinero en efectivo es todo lo que necesitamos para ver multiplicarse nuestro capital, incluso cuando estamos durmiendo. ¡Eso sí es tener poder financiero!

En mi primer libro, *Obtenga su Porción*, traté de educar y motivar a todo aquel que quería participar en el mercado de valores pero que no sabía cómo comenzar. Empezamos con los principios básicos de qué es una acción o valor y por qué y cómo una compañía emite acciones con el propósito de recaudar dinero para expandir su negocio. Por medio del humor, las comparaciones y la plática sencilla, estudiamos la situación del mercado en general para determinar el momento más ventajoso para invertir en la compra de acciones. Buscamos un sector que estuviera "caliente," una industria "caliente" y las compañías más "calientes," dentro de esa industria, que tienen en potencia lo que se necesita para que el día de mañana se conviertan en las compañías más grandes y de mejores rendimientos.

Éramos como conductores de autos de carrera: sabíamos a dónde queríamos ir y nos aseguramos que teníamos acciones individuales de alto rendimiento que nos llevarían hasta allá. Miramos debajo del capó para confirmar que nuestro auto tenía los caballos de fuerza necesarios para superar a los duros contrincantes. Nos aseguramos que todo estaba listo y, cuando llegó la hora, pisamos hasta el piso el acelerador, impulsados por la esperanza del triunfo y la emoción de la carrera. Naturalmente, había cierto riesgo, pero eso era parte de la emoción . . . y las posibles ganancias hacían que valiera la pena.

Pero algunos de nosotros no queremos ser conductores de autos de carrera, sobre todo cuando la pista se desvía hacia un precipicio. Cuesta

trabajo mantenerse en la ruta. Siempre debes estar preparado para lo in-
esperado. Hay que tomar decisiones rápidas y si cometes un error, puedes
lastimarte . . . como pueden recordar quienes salieron dando vueltas des-
controlados en el descalabro de la alta tecnología del año 2000. El alto
rendimiento va acompañado de una atención continua.

Las carreras de velocidad no son para los pusilánimes, ni tampoco lo
es el mercado de valores. Se necesita disciplina y trabajar mucho para escoger las mejores acciones, comprar en el momento preciso y saber cuándo detener las pérdidas o extraer las ganancias.

Muchos inversionistas disfrutan su trabajo cotidiano y se excitan al
mirar cómo se desempeñan sus acciones. Y el mercado de valores no es
solamente para los acaudalados o los agentes de inversiones con grandes
conexiones. Ni tampoco necesitas tener un título de economía. En *Obtenga su Porción* les mostré a los lectores que todos podemos beneficiarnos
del mercado de valores . . . hasta el punto de llegar a invertir por la Internet sin tener que cubrir una cantidad mínima para invertir. Con sólo
veinte dólares podemos abrir una cuenta de corretaje y comenzar a hacer
negocios, aplicando los mismos sólidos principios que los jefazos con oficinas elegantes y trajes caros usan con miles de millones de dólares. O
podemos formar clubes de inversión, donde la diversión y las finanzas se
combinan tan bien como el pan y la mantequilla.

Pero sé que muchos de ustedes todavía sienten que están fuera de on-
da. Quisieras tener más acceso a las potenciales ganancias que puede
brindar la posesión de acciones individuales, pero los trabajos, los com-
promisos familiares, las vidas complicadas, la aversión a tomar riesgos, o
tal vez, sencillamente, la falta de interés, te han impedido involucrarte en
el mercado de valores. Quieres ir a otros sitios, pero no quieres la carrera
de velocidad.

Pues bien, déjame darte un poco de paz mental. En *Invierte en Tu Futuro* te voy a mostrar cómo puedes llegar, fresco y relajado, a tu meta financiera al permitir que otros conduzcan en tu lugar un auto cómodo,
resistente y con buen rendimiento de combustible. Te voy a mostrar cómo obtener ganancias al invertir en el mercado de valores mediante el
uso de fondos mutuos. Los fondos mutuos constituyen una poderosa canasta de dinero salido de personas comunes como nosotros, e invertido
por la compañía de fondos mutuos, la cual compra y vende acciones individuales en nuestro nombre. Con los fondos mutuos, llegamos a conver-

tirnos en pasajeros. Los administradores de fondos mutuos hacen lo que
nosotros no queremos hacer. Vigilan nuestro dinero diariamente y hacen
los ajustes indispensables en nuestras cuentas para mantener la ruta. Nosotros sólo tenemos que saber cómo escoger el fondo mutuo que va por
nuestro camino, que toma la dirección que queremos tomar y que avanza
a la velocidad a la que queremos ir.

Y hablando de opciones, muchos patrones ofrecen planes 401(k). Un
401(k) es un plan de retiro preimpuestos y patrocinado por la empresa.
Muchísimos de nosotros podemos obtener ganancias increíbles a través
de los fondos mutuos de los programas de retiro que ofrecen nuestras
empresas, pero no tenemos ni la más mínima idea de cómo aprovechar-
nos de ellos. En este libro también voy a enseñarte cómo poner a trabajar
en serio ese dinero mediante la toma de decisiones correctas en tu plan
401(k).

Pero antes de apretarnos nuestros cinturones de seguridad, tenemos
que echarle una ojeada al sitio de donde vas a hacer tu arrancada. Tenemos que evaluar tu posición financiera actual para trazar el mejor recorrido a seguir. Después de todo, hay varias sendas en el camino hacia el
éxito. Luego, necesitamos asegurarnos de que sabemos cuál es tu meta,
de manera que podamos establecer objetivos financieros específicos. Ya
sea que estés planeando tu retiro, comprar una casa nueva, buscar una solución para las deudas de tus tarjetas de crédito, o comenzar un fondo para gastos de estudios superiores para tus hijos, tenemos que definir
cuánto dinero vas a necesitar.

Una vez que sepamos a dónde te diriges, y tomando como punto de
partida el tiempo que te queda para llegar y hasta dónde estás dispuesto a
arriesgarte, te ayudaré a tomar las mejores decisiones de inversión. Si no
sabes distinguir una acción de un bono y te frustras cuando tratas de balancear tu chequera, no te preocupes. Lo que estoy a punto de enseñarte
no es complicado. Y nunca es demasiado tarde para aprender.

Yo era como muchos de ustedes. Pensaba que podía en gran parte ig-
norar mi situación financiera hasta mañana, o hasta el próximo fin de semana, o hasta que pudiera sentarme y sacar las cuentas. Pero entonces
caí en un bache. El bache vino en forma de un divorcio que me dejó sola
al frente de mi hijo. Había poco dinero. Me sentía totalmente responsable por el futuro de mi pequeño hijo, y no quería tener que depender de
los recursos de otra persona para nuestro bienestar económico. Por pri-

mera vez en mi vida comencé a balancear mi chequera. Cada centavo era importante.

Un día, mi cuñada que habló de un libro sobre dinero, escrito por una mujer que explicaba las inversiones de una manera que cualquiera podía entender. Por pura necesidad, eché a un lado mi temor a los números y compré el libro. Y ese libro cambió mi vida.

Era *Money Dynamics (La Dinámica del Dinero)*, de Venita VanCaspel. Es posible que hoy día ya esté agotado, y las leyes de impuestos e inversión han cambiado desde que se publicó, pero el verdadero mensaje que saqué de ese libro es el mismo mensaje que yo quisiera inculcar en ustedes: *No depende de nosotros jugar o no el juego del dinero. Todos tenemos que hacerlo. Pero sí tenemos la opción de aprender a jugarlo bien, independientemente de nuestro entrenamiento formal, raza, edad o situación financiera*. La señora VanCaspel, a quien nunca he conocido, me enseñó que no es necesario usar palabras sofisticadas ni complicados logaritmos para fijarse metas precisas, establecer un plan financiero y evaluar a medida que se avanza. Mediante el uso de tablas y una práctica calculadora, fui capaz de descubrir la magia del interés compuesto y comencé a sentirme en control de mi vida financiera. Ponía a dormir a mi niño de cuatro años por la noche y me sentaba en la cocina para devorar la información que yo sabía que podía usar para asegurar un brillante futuro para nosotros dos.

Estaba tan decidida que me propuse comenzar desde el principio y empezar otra vez dando los primeros pasos. Con la orientación de mi cuñada, dejé mi trabajo fijo de maestra y me uní a la compañía de planificación financiera en la que ella trabajaba, para así poder aprender más acerca de este nuevo mundo. Comencé en un puesto de bajo nivel, pero trabajé y estudié y me sometí a exámenes para convertirme en una agente de bolsa, y casi sin darme cuenta, entendí lo que hacía falta para ganar dinero en el mercado de valores.

¿Pero cómo iba a hacerme de clientes? Un agente de bolsa sin clientes es como una fiesta sin invitados. Así que decidí combinar lo que conocía por experiencia profesional con aquello que me gustaba apasionadamente. Aunque era una agente de bolsa, en mi alma seguía siendo una maestra, por lo que enfoqué mi negocio desde un punto de vista educativo. Organicé reuniones en escuelas y luego en bibliotecas locales, y con un plan de clase en mi mente me aseguré de que todos aquellos que asistían a mis seminarios salían de allí con, al menos, un trozo de información que antes no tenían. ¡Yo quería tentarlos a que aprendieran más y a que, al mismo tiempo, me contrataran a mí como su asesora financiera! Les ofrecí que los iba a guiar, no para decidir por ellos dónde invertir, sino para mostrarles cómo ellos mismos podían tomar esas decisiones.

Poco después, no me alcanzaba el tiempo para ocuparme de todo mi trabajo. Fue entonces cuando uno de los asistentes al seminario me dijo:

—Julie, ¿por qué no formamos un club de inversiones?

Aquello me pareció divertido, aunque debo confesar que yo sólo tenía una idea muy vaga de lo que era un club de inversiones. Y fue así como mi negocio superó mis más grandes fantasías. Personas de todas las edades llamaban a mi oficina porque ellos también querían formar parte de un club de inversiones, en el cual, con tan sólo veinte dólares al mes, todos podían aprender cómo las acciones y los fondos mutuos podían contribuir enormemente a mejorar sus finanzas.

Hoy día, me alegra saber que muchos nuevos inversionistas se han convertido en accionistas exitosos y activos, y en dueños de fondos mutuos gracias a que han descubierto que la mejor manera de incrementar al máximo sus ganancias es aprender a invertir en el mercado de valores y en los fondos mutuos.

De la misma manera que lo he hecho con miles de nuevos inversionistas, ahora voy a enseñarte a desarrollar tu mejor estrategia de inversión mediante el uso de todas las herramientas que tenemos hoy día a nuestro alcance. Te voy a mostrar que con fondos mutuos tu dinero puede trabajar por ti tanto como tú por él.

Los fondos mutuos son como los zapatos: el mismo número no le sirve a todo el mundo. Con mi sistema especial aprenderás a seleccionar entre los más de doce mil fondos mutuos que existen. También vas a aprender a escoger los fondos mutuos que mantendrán tu tolerancia ante el riesgo a un nivel confortable, y así podrás dormir tranquilo por las noches. Te voy a mostrar cómo entender, por fin, esos estados de cuentas que te envían las compañías que manejan tus fondos mutuos, para así poder entender qué está pasando con tu dinero.

Lo más importante es que aprenderás a monitorear tus inversiones, de manera que te asegures de avanzar por el camino correcto hacia tus metas financieras. Al ir acercándote a tus metas financieras, tal vez desees ajustar tu estrategia; juntos, tú y yo vamos a pensar en cómo hacerlo.

Te voy a mostrar cómo acumular tus ahorritos y cómo hacer que esos ahorritos te duren por el resto de tu vida. Y sentirás la felicidad de saber que, mientras estás cultivando esa cosecha, o esa cuenta que va a ser la base económica de tu sueños, también vas a poder vivir bien tu vida, libre de lo que quizás consideras como la tediosa e intimidante tarea de mantenerte al tanto de lo que dicen los periódicos financieros y las cotizaciones diarias de la bolsa.

Aquellos de ustedes que ya tienen un 401(k) y que, como muchos otros, tomaron sus decisiones financieras basándose en las recomendaciones de la persona bien intencionada que estaba sentada a su lado en el comedor del trabajo, encontrarán en este libro una gran cantidad de información. Aprenderán a incrementar al máximo los fondos de esas cuentas y a obtener las mayores ganancias. Quiero que se den cuenta de cuán lejos puede conducirlos este conocimiento básico, y cómo sus patronos y el Tío Sam pueden ayudarlos a alcanzar sus sueños.

En *Invierte en Tu Futuro* voy a enseñarte a tomar control de tu futuro financiero, para que no tengas que seguir haciéndote ilusiones de que vas a ganarte la lotería. En vez de eso, podrás disfrutar de tu vida mientras tu chofer—tu fondo mutuo y tu 401(k)—sigue el trayecto que te has trazado. Vas a disfrutar del paisaje a lo largo del camino y llegarás sano y salvo a tu destino final: ¡la independencia económica!

Es hora ya de comenzar juntos nuestro viaje. Apriétate el cinturón, ¡porque éste va a ser un viaje emocionante!

CAPÍTULO UNO

Antes de que Llegues a Donde Vas, ¡Tienes que Saber Dónde Estás!

Soy terrible para hallar direcciones . . . ¡hasta en mi propia ciudad! Casi siempre llamo a mi esposo desde el auto para preguntarle cómo llegar a donde voy. Lo primero que él me pregunta es:

—¿Dónde estás ahora?

¿Mi respuesta?

—Estoy junto al camión azul y detrás del Honda verde.

Cuando se trata de dinero, antes de saber a dónde vamos, tenemos que saber dónde estamos. ¿Sabes, en lo que a tus finanzas se refiere, dónde te encuentras? ¿Cuánto dinero tienes a tu disposición para invertir? ¿Cuánto dinero necesitas realmente para alcanzar tus metas?

"¡Caramba! ¡Espera un momento!" dices. "¿Cómo puedo siquiera considerar estas preguntas si no tengo ni dinero para invertir ni manera de ahorrar nada?" Si eso es lo que crees, entonces vamos a hacer una pequeña apuesta. Apuesto a que después de que hayas terminado la próxima sección, vas a descubrir que tenías más dinero del que pensabas. ¿Listo?

Muéstrame el Dinero

Nuestra meta es identificar tus fuentes más obvias de dinero escondido, de manera que puedas comenzar a poner en práctica lo que contiene este libro. Es asombroso con cuánta más rapidez podemos entender este lío financiero cuando podemos ver los resultados paso por paso, usando para comenzar aquellas escasas (y no tan escasas) reservas que tenemos. Por eso, antes de que entremos en cómo aprender a invertir, necesitamos descubrir los fondos que tienes escondidos. Para hacerlo, quisiera que tomaras una libreta de notas y que la usaras mientras lees este libro, para luego responder las siguientes preguntas. Si lo deseas, puedes imprimir la lista de preguntas sobre Fondos Escondidos que se encuentra en www.JulieStav.com.

1. Al final de cada mes, luego de haber pagado todas tus cuentas y justo antes de que recibas tu próximo cheque salarial, ¿te sobra algún dinero?

    a. Si tu respuesta es sí, ¿qué haces con él? Si lo ahorras, ¿te satisface su tasa de rendimiento (el interés que estás ganando sobre el total)? Si no, traza un círculo alrededor de esa cantidad. Este dinero es un posible candidato para inversiones.

    b. Si tu respuesta es no, probablemente estás olvidando la cuenta mensual más importante que tienes: ¡*tú*! Todos tenemos la tendencia de vivir a la altura—y a veces hasta un poco más allá—de nuestros medios. ¿Te acuerdas de la última vez que recibiste un aumento de sueldo? Probablemente se lo tragó la aspiradora de las cuentas por pagar, o dio la impresión de esfumarse en tu estilo de vida. Por lo general, mientras más dinero ganamos, más elevado es nuestro estilo de vida . . . y más elevadas son nuestras cuentas mensuales.

    Si te pagaste primero a ti mismo—*digamos, 10 por ciento del sueldo que llevas a casa, en cada cheque*—es probable que todavía puedas cubrir tus gastos mensuales igual que antes. Puede que ni siquiera notes la falta de ese 10 por ciento. Hazlo. Conviértelo en una realidad. Tú eres tu responsabilidad financiera más importante y ya es hora de que ocupes el lugar que mereces: ¡el primer lugar! En el próximo cheque salarial, escribe a tu nombre ese primer cheque por 10 por ciento y deposítalo en la cuenta de inversiones que vas a abrir dentro de poco. Mejor aun, hazlo por medio de una deducción salarial que vaya directamente a tu cuenta bancaria. ¡Es posible que ya hayamos encontrado un poco de dinero!

2. ¿Estás actualmente ahorrando o invirtiendo con regularidad? ¿Cuál es tu *tasa de rendimiento* en esta cuenta (¿cuánto dinero te está produciendo tu dinero?) ¿Te complacen estos resultados? Si no, traza un círculo alrededor de esta cantidad. Si te satisface su rendimiento, todavía vamos a poder usarlo más adelante. Ten eso en cuenta.

3. ¿Tienes una cuenta de retiro olvidada en algún lugar? Te sorprendería saber cuántas personas que han dado el primer paso hacia su independencia financiera al abrir una cuenta IRA o al participar en el 401(k) de su trabajo, dejan que su dinero se llene de polvo con una tasa de rendimiento del 2 ó el 3 por ciento debido a que han tomado decisiones sin haberse informado debidamente. Si esto se parece sospechosamente a lo que te está sucediendo a ti, traza un círculo alrededor de esta cuenta.

4. Y esta es una muy especial: ¿Recibes una devolución de impuestos al final del año?

    a. Si no la recibes, ¿tienes que pagar penalidades debido a que no pagaste lo suficiente durante el año? Si es así, sigue leyendo.

    b. Si recibiste devolución, ¿de cuánto es? ¿En qué usaste ese dinero? (Yo tenía una clienta que pagaba más impuestos de los que debía, en una cantidad equivalente al seguro de su auto. Así garantizaba que iba a tener el dinero listo cuando le llegara la factura en junio). Si cada año esperas hasta abril para que te devuelvan algún dinero de los impuestos, *estás pagando demasiado*. ¿Te das cuenta de que cuando usas al IRS como cuenta de ahorro le estás dando al Tío Sam un préstamo libre de intereses? ¿Cuánto interés ganaste mientras ese dinero que pagaste de más estaba metido en las arcas del gobierno el año pasado? Eso es: nada de nada. Traza un círculo alrededor de la cantidad que te devolvieron.

    Sé que muchos de ustedes esperan con ansia la devolución de impuestos. Lo consideran como un dinero que ha sido liberado. ("¡Qué bueno, $3,000! ¡Puedo irme de vacaciones!") Pero, en realidad, esos $3,000 representan dinero que le prestaste al gobierno . . . sin intereses.

    Así que aquí está la primera sugerencia: si te devuelven más de, digamos, $300, o si ves que estás pagando penalidades debido a que no pagaste lo suficiente, llama a la persona que te prepara el informe de impuestos. Pregúntale cuántas retenciones de impuesto ("withholdings") debes reclamar en tu cheque salarial en cada período de pago para poder pagar la totalidad de tus impuestos antes del 31 de diciembre y, quizás, hasta obtener una pequeña devolución. Cuando ya sepas cuántas retenciones de impuesto reclamas en tu cheque salarial, ve al departamento de pagos de tu trabajo para llenar una nueva planilla W-4. Esta es la manera oficial de decirle a tu departamento de pagos cuánto dinero retener de tu cheque salarial para enviárselo al gobierno en tu nombre. En tu planilla W-4 pon el número de retenciones que te aconseja la persona que te ayuda a hacer el informe de impuestos. Esta acción reducirá el pago de impuestos que sale de tu cheque salarial en cada período de pago, te dejará todos los meses más dinero libre para que puedas usarlo y garantizará que no vas a adeudar impuestos ni penalidades al final del año. Lo que acabas de hacer es redirigir parte del dinero hacia *ti* en lugar de hacer que lo guarde el Tío Sam hasta abril, cuando hagas tu informe de impuestos.

La situación ideal es que no tengas que pagar ni recibir nada. (Por cierto, si estableces un sistema de transferencia automática de tu cheque salarial directamente hacia tu cuenta de inversiones que tiene el dinero adicional que le estabas enviando al gobierno, cuando llegue abril ¡vas a tener a tu disposición tu devolución de impuestos *además* de la ganancia de intereses sobre esa devolución!)

5. Y ahora, ¿qué me dices de tu pequeña "alcancía secreta"? Sí, no me mires con esa cara de inocencia. La mayoría de nosotros tenemos un poco de dinero escondido para un momento de apuro, un dinero del que nadie sabe nada. ¡Dibuja también un círculo secreto alrededor de ese! Ya que vas a esconder algunos billetes, ¡también podrías multiplicarlos!

6. ¿Tienes cambio en tu bolsa o en los bolsillos de tus pantalones, o regado en el auto o por la oficina? Búscate una lata de café. Cada noche, justo antes de irte a la cama, echa tus monedas en la lata. Te sorprenderás de cuánto dinero puedes acumular al final de cada mes.

7. ¿Tienes viejas pólizas de vida, acciones de la bolsa que heredaste de parientes bien intencionados, los bonos de ahorro de tus hijos? ¿Tienes alguna idea de dónde los guardaste? Sácalos y desempólvalos. Puede que hayas encontrado la semilla para cultivar tus inversiones.

8. Cositas sueltas por aquí y por allá: ¿Existe alguna otra posible fuente de dinero por la que no te he preguntado? Busca en tus archivos, revisa las gavetas de tu escritorio y hojea tus viejos informes de impuestos. ¿Has olvidado algo?

9. Ahora viene la pregunta de los 64,000 pesos: ¿Hay algo que puedas hacer para ahorrar más dinero del que estás ahorrando actualmente?

Si esto suena como que te estoy obligando a limitarte a un presupuesto, déjame contarte una historia que tal vez te ayude a ver las cosas de una manera un poco diferente.

La mayoría de las personas piensa que hay que comenzar desde cero para empezar a ahorrar dinero. ¡Nada de eso! A veces se trata tan sólo de mirar de manera diferente al dinero que ya tienes.

Hace 20 años, mi situación financiera era peor que nunca. Tenía una hipoteca, un niño de cuatro años al que mantener, un trabajo mal pagado y nada de ahorros. Me imaginaba que no tenía ningún dinero que gastar. Así que, pobrecita de mí, solía pasarme muchísimo tiempo cada fin de semana en encuentros de intercambio y compra de artículos de segunda mano "sólo para ver" todos esos trastos deliciosamente tentadores. ¿Quién sabía si podría descubrir un mueble o una pieza de porcelana verdaderamente valiosos? Entonces me di cuenta de que me estaba gastando una considerable suma de dinero en mi aparentemente inocente pasatiempo de los fines de semana: ¡alrededor de $1,000 al año, para ser exacta! ¡Casi $100 al mes! Cuando vi que podía pasar esos $1,000 de la taquilla del evento a una cuenta de fondos mutuales y, con el tiempo, tener dinero para comprar ese mueble o esa porcelana nuevos, me sentí dispuesta a ponerme, aunque fuera un poquito, un presupuesto.

"¡Pero yo odio ponerme un presupuesto!" te lamentas. ¡Estoy de acuerdo contigo! ¡Por completo! Ponerse un presupuesto es hacer un cálculo de cada maldito centavo de tus ingresos y de cada pequeño gasto mes por mes y, luego, ajustar tus gastos en proporción a tus ingresos. Para muchas personas este proceso funciona. Estas personas probablemente tienen la fuerza de voluntad de sacrificar ese suculento soufflé de chocolate al final de una opípara cena. Este libro es para aquellos que no podemos hacerlo.

Sin embargo, hacer un presupuesto tiene algo que te sitúa en el camino hacia el éxito, y es lo siguiente: hacer un presupuesto te ayuda a poner en orden tus prioridades financieras. (¿Qué prefieres: doce muebles usados del encuentro de intercambio y compra, o una cuenta de inversiones que crece rápidamente y que puede costear el tipo de retiro con el que sueñas?) Ni tampoco necesitas contar cada mísero centavito y compararlo con cada maldito centavo que ganas cada mes. Pero sí necesitas mirar tus patrones generales de gastos y ver si encuentras en tu vida ejemplos como los del encuentro de artículos usados. Porque hay algo que descubrí acerca de mí que parece aplicarse a la mayoría de las personas: todos seguimos gastando sin una meta determinada mientras no se nos presente una alternativa mejor.

Aclarado esto, naturalmente que no voy a obligarte a ponerte un presupuesto. No voy a obligarte a nada. ¡Sigue, continúa gastando! Mientras disfrutes más gastando que invirtiendo, o tan siquiera pensando acerca del dinero, vas a comprar o a viajar, o a hacer lo que te dé placer, incluso si te conduce a hundirte en un mar de deudas, en una depresión permanente o en un caos financiero. Como sabe toda persona que ha luchado por superar una adicción o un rasgo desagradable de su personalidad: nadie puede forzarte a hacer algo hasta que tú estés listo para hacerlo. Y como a nadie le gustan los guapetones, yo tampoco voy a obligarte.

La buena noticia es que he descubierto una manera mejor que obligarte a hacer un presupuesto. Y de esto les tengo que dar las gracias a mis hijos.

¿Cómo logras que un niño de cuatro años deje de mirar su programa de televisión favorito? Tú sabes, el de las sangrientas escenas de monstruos y dragones con los que tienes la certeza de que vas tener que lidiar cuando el chico se te aparezca al lado de la cama a las 3 de la madrugada porque tuvo una pesadilla? Bueno, podrías bloquear el canal (¡bastante radical, tirana!). Podrías prohibir la actividad (¡y tener que enfrentarte con la perreta de un chiquillo endiablado!). Podrías tratar de explicar los méritos de ver los canales de televisión educativa. (Sí, seguro. ¿En qué planetas estás viviendo?) O podrías ofrecer una alternativa que le sea más atractiva al niño que aquella que tiene ahora. ¿Qué tal ayudar a Mami a hornear galletitas? ¿Llevar al perro al parque? ¿Mirar un vídeo nuevo? Puedes ser realmente creativa y, con un poco de suerte, tu pequeñín quizás te siga la corriente y se concentre en una nueva actividad, sin que sienta que, por haber renunciado a la anterior, ha perdido algo o que está castigado.

De la misma manera en que logramos astutamente que el chico disfrute del bienestar que se siente al aprender algo nuevo, quiero tentarte con el bienestar que se siente al poner tus inversiones en orden. Así que responde sin temor a la última pregunta: ¿hay algo más que puedas hacer para ahorrar un poco más mientras te encaminas por el sendero del éxito?

En este punto, probablemente te gano la apuesta: has aprendido dónde tienes dinero que no sabías que tenías. ¡Qué bien! Ya has terminado la primera etapa de mi sistema. Ahora sabes dónde te encuentras. En el transcurso de este libro voy a mostrarte cómo estos valores ocultos serán de importancia *crucial* para acercarte a tus metas de inversión.

Pero primero necesitas saber a dónde quieres ir con lo que ya tienes. Esa es nuestra próxima parada en tu viaje hacia el dinero.

CAPÍTULO DOS

Da los Primeros Pasos

Acuérdate de lo fácil que era, cuando tenías cinco años, responder a la pregunta "¿qué quieres ser cuando seas grande?" De tu boca salían respuestas como: "voy a ser piloto y bombero y maestro y obrero de la construcción y médico y . . ." Mi hijo Tony quería ser recogedor de basura. Cuando le pregunté por qué había escogido esa profesión, me respondió enseguida:

—¡Porque nada más que tienen que trabajar un solo día a la semana!

¡Ese era un niño que sabía lo que quería!

Cuando éramos pequeños crear fantasías acerca del futuro era un interesante pasatiempo, pero ponernos metas cuando somos adultos puede parecer una tarea desalentadora. Sin embargo, con un poco de práctica y una sencilla lista, volverás a descubrir el encanto de mirar hacia el futuro con esperanza y la certeza de que podrás hacer lo que te propones. Aprenderás lo que se necesita para que tus sueños de adulto se hagan realidad.

El Tesoro al Final del Arcoiris

Las metas financieras son marcas específicas que nosotros mismos establecemos en nuestro camino. Todos tenemos nuestros sueños y ansias, pero si no existen objetivos específicos y alcanzables, estamos condenados a vagar a la deriva sin rumbo fijo.

Hay metas financieras de todos los colores y tamaños. Una meta financiera puede ser acumular una sola cantidad de dinero que tú deseas para un propósito específico en el futuro. Puede ser reunir dinero para dedicarlo a pagar la entrada para la compra de una vivienda, o para crear los ahorros para el retiro, de los cuales sacarás tus ingresos en el futuro.

Paso 1. Fija tu Meta en un Lenguaje Específico y Positivo

Si tu primera meta financiera es salir de las deudas, en vez de decirte, "quiero estar libre de deudas," puede que quieras refrasear ese deseo diciendo algo así como, "para fines de año quiero saldar mis dos tarjetas que tienen un interés más alto." Esta segunda declaración te da una imagen más clara de hacia dónde te diriges, ya que estás fijándote un propósito específico que se puede medir.

Tal vez desees tener dinero suficiente para irte en un crucero de dos semanas por el Caribe, para la entrada de la compra de una vivienda, para un fondo de educación para tus hijos o, sencillamente, para tener un poco de dinero contante y sonante con el que comprarte un auto de lujo. Sean cuales sean tus deseos financieros específicos, apúntalos en tu libreta de notas. ¡Ese es el primer paso en tu camino hacia el éxito financiero!

Paso 2. ¿Cuánto Dinero Vas a Necesitar?

Cuando hayas decidido tu meta específica, escribe cuánto dinero vas a necesitar para alcanzarla. Tienes que saber específicamente cuánto dinero hará falta.

Debes ser capaz de medir tu meta y monitorear tu avance hacia ella, así que establece tu meta en dólares y centavos. Si tu meta es crear una cuenta con dinero para irte de vacaciones o cualquier otra adquisición para gastar todo el fondo de una vez, investiga y anota cuánto dinero vas a necesitar con ese propósito. Siempre vas a poder ajustar la cantidad. Lo que importa ahora es que te pongas una meta que puedas medir con precisión.

Pero, ¡espera un segundo! ¿Y qué pasa si tu meta es liquidar la deuda de un préstamo o de una tarjeta de crédito? Puede que en este momento debas $1,000, pero cada mes te agregan interés. ¿Cómo puedes calcular la cantidad específica que necesitas si esta cantidad sigue variando? No sufras. Si estás en una situación así, lo único que tienes que hacer es saltar hasta el final de este capítulo, donde te lo explico todo.

¿Y qué pasa si tu meta es acumular unas reservas—un fondo para tu retiro—de las cuales sacarás el dinero que te hace falta para cada mes? Esto presenta todo un conjunto nuevo de situaciones. Pero no te preocupes; eso es algo que entre los dos podemos resolver. Voy a acompañarte a través de ese proceso en el próximo capítulo.

Paso 3. ¿Cuándo Quieres Alcanzar tu Meta?

Sitúa una fecha específica en la cual quieres realizar tu meta. Quizás te sea útil, para ayudarte en este propósito, organizar tus metas en tres categorías:

1. Metas a corto plazo, de las cuales hay dos tipos: las que quieres alcanzar en dos años o menos, y las que tienes entre dos y cinco años para lograr. El primer tipo no cuenta como dinero de inversión debido a que no tienes tiempo para conseguir una ganancia considerable. El segundo tipo sí ofrece más tiempo. Los dos tipos los vamos a tratar en este libro.

2. Metas que estás planeando alcanzar en un período entre cinco a diez años. Estas son nuestras metas de término medio.

3. Metas de largo alcance, que son aquellas que quieres realizar en diez o más años.

No es necesario tener metas en cada una de estas categorías. Tal vez tengas una idea muy clara de aquello que quieres lograr a corto plazo. Quizás estés empeñado en conseguir un sueño a largo plazo. O posiblemente tengas metas diferentes que caen en una o más de estas categorías. *Puedes usar el sistema que aprenderás en este libro para ayudarte a realizar todas tus diversas metas financieras.* Y lo que yo deseo para ti es que, a medida que pase el tiempo y comiences a aumentar las ganancias de tus inversiones y tus conocimientos de los fundamentos de las inversiones, empieces a lograr tus metas antes de lo que pensabas. ¿No sería maravilloso?

Paso 4. ¿Cuánto Dinero ya Tienes Dedicado al Logro de tu Meta?

Ahora que has establecido lo que quieres lograr con tus finanzas y cuándo deseas alcanzar tu meta, échale una ojeada a tus ahorros y a tus inversiones actuales (si las hay), y mira cuánto de ese dinero puedes asignar al logro de tu meta. ¿Te acuerdas de los fondos que tienes escondidos y el dinero que encontraste en ellos? En este punto es donde tienes que comenzar a hacer que el dinero te dé beneficios. Mientras más tengas ya dedicado hacia tu objetivo, más fácil te será alcanzarlo.

Paso 5. ¿Cuánto Dinero Necesitas Invertir Mensualmente para Asegurarte de Alcanzar tu Meta?

El último paso para establecer tu meta es averiguar cuánto dinero necesitas separar cada mes para alcanzar tu meta. Si la cantidad que ya has logrado ahorrar es suficiente para llevarte hacia donde quieres llegar, no es necesario añadir más dinero mensualmente hacia ese objetivo. ¡Te felicito! En vez de eso, puedes invertir mensualmente en una meta diferente. Si no sabes cómo llevar a cabo este paso, sigue leyendo; vamos a hacer un ejercicio de práctica para averiguarlo.

A Ver qué Número nos Sirve

Ahora que tienes los pasos que necesitas para establecer tus metas financieras, vamos a practicar juntos un ejemplo específico. En esta situación vamos a usar una meta a corto plazo, es decir, tratar de reunir una cantidad determinada de dinero que se usará de una sola vez al cabo de dos años o menos.

Nuestro primer paso es establecer la meta en términos específicos y positivos. Vamos a suponer que quieres tomarte dos semanas de vacaciones en Tahití. Agarra tu libreta de notas y escribe en una columna los pasos del 1 al 5, escribiendo "dos semanas de vacaciones en Tahití" al lado del paso 1. También puedes imprimir esta Lista de Cinco Pasos para la Meta Financiera si la buscas en www.JulieStav.com.

PASO 1: Meta fijada 2 semanas de vacaciones en Tahití

PASO 2: Costo de la meta

PASO 3: Años para llegar a ella

PASO 4: $ disponible ahora

PASO 5: Cantidad que se necesita mensualmente

Nuestro próximo paso es calcular cuánto dinero necesitarás para este propósito. Digamos que, después de examinar ansiosamente folletos de viaje sobre Tahití, decidiste tirar la casa por la ventana en tus vacaciones y tus dos semanas de escape te costarán alrededor de $4,700. Para ir a lo seguro, planea tener $5,000. Escribe $5,000 al lado del paso 2.

PASO 1: Meta fijada 2 semanas de vacaciones en Tahití

PASO 2: Costo de la meta $5,000

PASO 3: Años para llegar a ella

PASO 4: $ disponible ahora

PASO 5: Cantidad que se necesita mensualmente

En el paso 3 pones un límite de tiempo de cuándo deseas alcanzar tu meta financiera. Quieres poder costearte un viaje a Tahití de aquí a dos años. Escribe dos años al lado del paso 3.

PASO 1: Meta fijada 2 semanas de vacaciones en Tahití

PASO 2: Costo de la meta $5,000

PASO 3: Años para llegar a ella 2 años

PASO 4: $ disponible ahora

PASO 5: Cantidad que se necesita mensualmente

Supongamos que ya tú tienes $500 ahorrados para tu viaje a Tahití. Este dinero ha estado en una cuenta de ahorros durante cierto tiempo, pero vas a usarlo dentro de dos años para tu viaje. Escribe $500 al lado del paso 4.

PASO 1: Meta fijada 2 semanas de vacaciones en Tahití

PASO 2: Costo de la meta $5,000

PASO 3: Años para llegar a ella 2 años

PASO 4: $ disponible ahora $500

PASO 5: Cantidad que se necesita mensualmente

Antes de avanzar al siguiente paso, vas a querer saber de qué manera esos $500 van a crecer en dos años. Esa cantidad será dedicada a tu meta de $5,000 para las vacaciones.

Si ese dinero está escondido en la gaveta donde guardas los calzoncillos, al cabo de dos años vas a tener los mismos $500. Pero supongamos que pusiste ese dinero en el banco y que en este momento está ganando un 5 por ciento de interés en tu cuenta de ahorros. (Si estás ganando un 5 por ciento o menos en tu cuenta de ahorros a corto plazo o tu certificado de depósito [CD], no te preocupes; en los próximos capítulos aprenderás a incrementar la ganancia que hace tu dinero en inversiones a corto plazo de dos a cinco años. Cuando sepas cómo escoger las mejores inversiones, exigirás que todo tu dinero esté bajo un interés de ganancia más favorable.)

Para los que adoran las matemáticas: puedes tomar una calculadora, multiplicar $500 por 0.5 (esto te dará el interés que ganaron tus $500 al cabo de un año). Toma esta cantidad, añádela a tus $500 del principio para calcular cuánto tendrás en total al año. Luego multiplica esa cantidad por 0.5 para calcular cuánto interés obtendrás al cabo de dos años. Añade esto a tu total del primer año. La cuenta será así:

$$\$500 \times 0.5 = \$25$$

$$\$25 + \$500 = \$525 \text{ (final del año 1)}$$

$$\$525 \times 0.5 = \$26.25$$

$$\$26.25 + \$525 = \$551.25 \text{ (final del año 2)}$$

Los que odian las matemáticas pueden botar la calculadora, ahorrar su energía y usar tan sólo la siguiente tabla para calcular el valor futuro de esos $500 a un 5 por ciento de interés.

Busca la columna que muestra cuántos años te quedan para alcanzar tu meta, que en este caso son dos. Ahora desliza el dedo hacia la derecha hasta que llegues a la columna del 5 por ciento. El número aquí es $1.10. Pero fíjate en que esta tabla muestra el balance de tu cuenta si hubieras

VALOR FUTURO DE UNA INVERSIÓN DE $1 SEGÚN DIVERSAS TASAS DE GANANCIA

Años para la Meta	Promedio del Interés Anual Ganado								
	5%	6%	7%	8%	9%	10%	11%	12%	15%
35	$5.52	$7.69	$10.68	$14.79	$20.41	$28.10	$38.58	$52.80	$133.18
30	$4.32	$5.74	$7.61	$10.06	$13.27	$17.45	$22.89	$29.96	$66.21
25	$3.39	$4.29	$5.43	$6.85	$8.62	$10.84	$13.59	$17.00	$32.92
20	$2.65	$3.21	$3.87	$4.66	$5.60	$6.73	$8.06	$9.65	$16.37
15	$2.08	$2.40	$2.76	$3.17	$3.64	$4.18	$4.79	$5.47	$8.14
10	$1.63	$1.79	$1.97	$2.16	$2.37	$2.59	$2.84	$3.11	$4.05
5	$1.28	$1.34	$1.40	$1.47	$1.54	$1.61	$1.69	$1.76	$2.01
4	$1.22	$1.26	$1.31	$1.36	$1.41	$1.46	$1.52	$1.57	$1.75
3	$1.16	$1.19	$1.23	$1.26	$1.30	$1.33	$1.37	$1.40	$1.52
2	$1.10	$1.12	$1.15	$1.17	$1.19	$1.21	$1.23	$1.25	$1.32

tenido $1 al principio. Como tú tenías $500, tienes que multiplicar $1.10 por $500. El resultado es $550. En dos años, a un 5 por ciento de interés, tu cuenta habrá aumentado hasta $550. (Esta tabla es menos precisa que si tú mismo sacaras la cuenta, pero la diferencia es sólo de $1, y para la cantidad de esfuerzo que esta tabla te ahorra, eso es bastante aproximado.) Por ahora, apunta esta cifra; la necesitarás para calcular el paso 5.

El paso final es calcular cuánto dinero te será necesario ahorrar mensualmente para alcanzar tus $5,000.

En el paso 4, descubriste que tu actual cuenta de ahorros de $500 valdrá $550 al cabo de dos años. Resta esa suma de los $5,000 que se necesitan para pagar por tus vacaciones.

$$\$5,000 - \$550 = \$4,450$$

Así que hace falta calcular cuánto dinero te es necesario ahorrar mensualmente para llegar a los $4,450.

Echa una ojeada a la tabla siguiente. Nos da la inversión mensual que se necesita para llegar a una meta de $1,000.

Como tú quieres alcanzar tu meta en dos años, busca ese número en la columna Años para la Meta. Suponiendo que ganas un 5 por ciento al mes en tu cuenta de ahorros, busca la cifra en la columna del 5 por ciento. Esa cifra es $39.70. Esa es la cantidad de dinero que necesitarías ahorrar mensualmente para acumular $1,000 en dos años al 5 por ciento de interés.

"¡Pero eso no es suficiente!" exclamas. "Necesito $4,450, no solamente $1,000." ¡Tienes razón! Tu meta es de alrededor de cuatro y media veces $1,000. Por eso, para poder usar la práctica tabla de la página 22, que se basa en miles, primero necesitamos dividir tu cantidad total (que es $4,450) entre $1,000.

$$\$4,450 \div \$1,000 = 4.45$$

Ahora multiplica esta cifra por $39.70 para obtener tu inversión mensual.

INVERSIÓN MENSUAL NECESARIA PARA LLEGAR A UNA META DE $1,000

Años para la Meta	Promedio del Interés Anual Ganado								
	5%	6%	7%	8%	9%	10%	11%	12%	15%
35	$.88	$.70	$.56	$.44	$.34	$.26	$.20	$.16	$.07
30	$1.20	$1.00	$.82	$.67	$.55	$.44	$.36	$.29	$.14
25	$1.68	$1.44	$1.23	$1.05	$.89	$.75	$.63	$.53	$.31
20	$2.43	$2.16	$1.92	$1.70	$1.50	$1.32	$1.16	$1.01	$.67
15	$3.74	$3.44	$3.15	$2.89	$2.64	$2.41	$2.20	$2.00	$1.50
10	$6.44	$6.10	$5.78	$5.47	$5.17	$4.88	$4.61	$4.35	$3.63
5	$14.70	$14.33	$13.97	$13.61	$13.26	$12.91	$12.58	$12.24	$11.29
4	$18.78	$18.39	$18.00	$17.63	$17.26	$16.89	$16.53	$16.17	$15.14
3	$25.70	$25.30	$24.90	$24.51	$24.12	$23.74	$23.36	$22.98	$21.89
2	$39.70	$40.00	$39.32	$38.94	$38.56	$38.18	$37.81	$37.44	$36.34

$$\$39.70 \times 4.45 = \$176.67$$

Es necesario que separes todos los meses $176.67 durante dos años para alcanzar tu meta de vacaciones. ¡Tahití, para allá voy!

PASO 1: Meta fijada 2 semanas de vacaciones en Tahití

PASO 2: Costo de la meta $5.000

PASO 3: Años para llegar a ella 2 años

PASO 4: $ disponible ahora $500 ($551 en 2 años al 5% de interés)

PASO 5: Cantidad que se necesita mensualmente $176.67

Vamos a Darle Otra Vuelta a la Pista

He aquí otro ejemplo que es ligeramente más complicado. Vamos a dar otra vez los cinco pasos, pero ahora la meta es ahorrar para cuatro años de *college* para tu hijo o hija. Con fondos para la educación superior, sumas la cantidad de dinero que necesitarás para los cuatro años, y apuntas a alcanzar esa meta al *comienzo del primer año* en que tu hijo/a asista al colegio.

Agarra de nuevo tu libreta de notas y escribe los cinco pasos. El primer paso es escribir cuál es tu meta específica. Estás ahorrando para pagar la matrícula de los cuatro años en el *college*. Escríbelo al lado del paso 1. Tu lista debe lucir así:

PASO 1: Meta fijada 4 años de matrícula en el *college*

PASO 2: Costo de la meta

PASO 3: Años para llegar a ella

PASO 4: $ disponible ahora

PASO 5: Cantidad que se necesita mensualmente

El próximo paso es escribir la cantidad que te has puesto como meta. Supongamos que se espera que la matrícula será de $10,000 al año para la época en que tu hijo/a asista a la escuela. Como estás ahorrando para un *college* con carreras de cuatro años, necesitarás $40,000 para cubrir los gastos de los cuatro años; así que escribe $40,000 al lado del paso 2.

PASO 1: Meta fijada 4 años de matrícula en el *college*

PASO 2: Costo de la meta $40,000

PASO 3: Años para llegar a ella

PASO 4: $ disponible ahora

PASO 5: Cantidad que se necesita mensualmente

El próximo paso es escribir cuántos años te quedan para alcanzar tu meta. Si tu hijo/a tiene dos años, tendrás unos 15 años para añadir al fondo de educación superior. Escribe ese número al lado del paso 3.

PASO 1: Meta fijada 4 años de matrícula en el *college*

PASO 2: Costo de la meta $40,000

PASO 3: Años para llegar a ella 15

PASO 4: $ disponible ahora

PASO 5: Cantidad que se necesita mensualmente

Ahora que ya has establecido tu meta en términos específicos y el número de años que te quedan para lograrla, ¿tienes algunas cuentas actuales que pudieran aplicarse a este propósito? Si es así, escribe en el paso 4 la cantidad que tienes disponible. Vamos a suponer que ya tienes $1,000 en un fondo de educación superior.

PASO 1: Meta fijada 4 años de matrícula en el *college*

PASO 2: Costo de la meta $40,000

PASO 3: Años para llegar a ella 15

PASO 4: $ disponible ahora$ 1,000

PASO 5: Cantidad que se necesita mensualmente

Ahora tenemos que ver cómo crecerán esos $1,000 en los próximos quince años. Cuando sepamos cuánto valdrá esa cuenta en quince años, podemos sustraer esa cifra de nuestra meta de $40,000. *La diferencia será la cantidad a la que tenemos que llegar, mediante nuestras inversiones mensuales, entre ahora y la fecha que hemos puesto para nuestra meta futura.* ¿Te acuerdas de la tabla que hay que usar? Si dijiste que tenemos que usar la tabla de Valor Futuro de $1 que está en la página 22 de este capítulo, tienes toda la razón. Esa es la tabla que te ayudará a proyectar el valor futuro de una cuenta ya existente.

Pero supongamos esta vez una tasa de un 8 por ciento de ganancia en tu dinero, sólo como un ejemplo hipotético. Busca el número quince en la columna de Años para la Meta. Ahora desliza el dedo hacia la derecha hasta que llegues a la columna del 8 por ciento. La cifra es $3.17. Un dólar que gana un 8 por ciento aumentará hasta $3.17 en quince años. Mil dólares aumentarán hasta $3,170 en quince años al 8 por ciento.

$$\$3.17 \times 1,000 = \$3,170$$

Esta cuenta te dará una ventaja de inicio para llegar a tu meta de $40,000, así que réstala ahora de tu total futuro.

$$\$40,000 - \$3,170 = \$36,830$$

Tu paso final y último es hallar cuánto dinero necesitas poner a un lado para llegar a los $36,830 en quince años. Consideremos el mismo 8 por ciento como tasa de ganancia.

La tabla de la Inversión Mensual de la página 23 es la herramienta que nos ayudará a calcular la inversión mensual necesaria para alcanzar nuestra meta futura.

Busca quince en la columna de Años para la Meta, y desliza el dedo a la derecha, hasta la columna del 8 por ciento. La cifra que te encuentras es 2.89. Eso significa que, para tener $1,000 en tu cuenta al cabo de quince años, tienes que ahorrar $2.89 al mes. ¿Cómo? ¿Qué anda mal aquí? Con $1,000 probablemente lo único que podrás comprarle a tu hijo/a que se va para el *college* es un permiso de estacionamiento para un mes. ¡Necesitamos $36,830, no $1,000! Así que para llegar a esa cifra total, divide 36,830 entre 1,000.

$$\$36,830 \div 1,000 = 36.830$$

Multiplica ahora ese número por 2.89.

$$\$36.830 \times 2.89 = \$106.44$$

Durante los próximos quince años necesitas poner mensualmente en la cuenta $106.44 al 8 por ciento para tener $40,000 disponibles para la educación superior. Tu gráfica de ahorros finalizada debe lucir así:

PASO 1: Meta fijada 4 años de matrícula en el *college*

PASO 2: Costo de la meta $40,000

PASO 3: Años para llegar a ella 15

PASO 4: $ disponible ahora $1,000 ($3,170 en 15 años al 8%)

PASO 5: Cantidad que se necesita mensualmente $106.44

Cómo Salir del Hueco de Deudas de una Tarjeta de Crédito

"Todo esto suena muy bien," dices. Pero entredientes murmuras que con sólo poder salir de las deudas ya serías feliz. Pues bien, para eso también hay ayuda.

Las compañías de tarjetas de crédito ganan dinero al cobrarte interés por la cantidad que les debes. Te facilitan traspasar un débito o balance de un mes a otro, en vez de tener que saldar por completo el préstamo cuando te llega la factura. Mientras más tiempo tengas esa factura abierta, más dinero te sacan.

Por ejemplo, si debías un total de $1,000 en una tarjeta de crédito, y sólo pagaste la cantidad mínima requerida del 2 por ciento, o $20 al mes, ¿sabes cuánto acabarías por pagarle a esa tarjeta de crédito al cabo del tiempo? Agárrate al asiento, que esto se pone feo.

Si tu interés anual es de un 13 por ciento, tus pagos totales llegarán a $1,420, y te demorarías setenta y un meses (¡casi seis años!) en liquidar la deuda. Una enorme estafa, ¿no es cierto?

Pero espera, que esto se pone aun peor.

¿Y qué pasa si tu interés anual es de un 21%, que es lo que cobran por lo general muchas compañías de tarjetas de crédito? Tus pagos totales serían de $2,260 (eso es más del doble de la cantidad original que pediste prestada) y demorarías 113 meses en liquidar tu deuda (¡más de nueve años!). ¡Una tremendísima estafa, atroz, monumental!

Así que si tu meta es liquidar todo lo que le debes a tu tarjeta de crédito, esto es lo que necesitas hacer:

1. Corta por la mitad todas tus tarjetas de crédito, excepto aquella que tiene la tasa de interés más baja, la cual solamente mantendrás para casos de emergencia. Comienza a repetirte que no gastarás más de lo que puedes ver en tu cuenta de cheques o en los billetes de tu billetera.[1]

2. Busca a la izquierda de la siguiente tabla la tasa de interés anual de tu tarjeta de crédito, y avanza por arriba hasta la cantidad de años en que quisieras saldar tu deuda . . . mientras más pronto mejor. ¡Hay cosas mejores en las que gastar tu dinero! El recuadro que coincide con estos dos números es la cantidad que necesitas pagar mensual-mente para poder liquidar la deuda de $1,000.

Digamos que la compañía de tu tarjeta de crédito cobra un interés de un 21 por ciento, y que tú quieres saldar por completo tus deudas en tres años. Localiza el 21 por ciento en la columna de la izquierda, y desliza el dedo a través de la tabla hasta que llegues a la columna de los tres años. La cifra es $37. Tienes que pagar $37 al mes para saldar totalmente tu deuda de $1,000 en tres años.

Pero si debes más de $1,000, divide lo que debes entre 1,000. Digamos que debes $5,000:

$$5,000 \div 1,000 = 5$$

Ahora multiplica por cinco tu pago mensual.

$$\$37 \times 5 = \$185$$

Vas a necesitar pagar cada mes $185 durante tres años para poder liquidar tu deuda de $5,000 en la tarjeta de crédito.

---

[1]Si la tarjeta de crédito que reservas para emergencias tiene de todos modos una alta tasa de interés, te sugiero que investigues cómo conseguir una con una tasa más baja. Puedes comenzar llamando a tus compañías de tarjetas de crédito y amenazarlas con que vas a cortar la tarjeta si no te mejoran bastante el interés. También puedes guardar todas esas informaciones que recibes por correo: no olvides leer los detalles en letras pequeñas, sobre todo la información que dice cuándo expira esa "tasa baja de presentación". Otra opción es buscar en la Internet. Ve a lowcards.com o escribe *cheap credit cards* (tarjetas de crédito baratas) en la barrita de búsqueda.

CANTIDAD MENSUAL QUE SE NECESITA PARA LIQUIDAR $1,000 EN UNA DEUDA DE TARJETA DE CRÉDITO

Tasa de Interés Anual que Se Está Cobrando	Años para Liquidar tu Deuda				
	1	2	3	4	5
9%	$86.80	$45.34	$31.56	$24.70	$20.60
10%	$87.19	$45.76	$32.00	$25.15	$21.07
11%	$87.58	$46.18	$32.44	$25.61	$21.54
12%	$87.97	$46.61	$32.89	$26.07	$22.02
13%	$88.36	$47.03	$33.33	$26.54	$22.51
14%	$88.75	$47.46	$33.78	$27.01	$23.00
15%	$89.14	$47.89	$34.24	$27.49	$23.50
16%	$89.54	$48.32	$34.69	$27.97	$24.00
17%	$89.93	$48.75	$35.15	$28.45	$24.51
18%	$90.33	$49.19	$35.62	$28.94	$25.02
19%	$90.72	$49.62	$36.08	$29.43	$25.54
20%	$91.12	$50.06	$36.55	$29.93	$26.06
21%	$91.51	$50.50	$37.03	$30.43	$26.59

Así luciría al final tu gráfica de cinco pasos si sigues este proceso de la forma en que lo he esbozado:

PASO 1: Meta fijada Liquidar la deuda de la tarjeta de crédito

PASO 2: Costo de la meta $5,000 al 21%

PASO 3: Años para llegar a ella 3

PASO 4: $ disponible ahora 0

PASO 5: Cantidad que se necesita mensualmente $185 ($37 × 5)

Toma el control de tu futuro y deja de trabajar para la compañía de tarjetas de créditos. Hazte el compromiso de una cantidad mensual, y la próxima vez que te pregunten:

—¿Efectivo o tarjeta de crédito?

. . . Deja el plástico en la billetera.

Resumamos

¿Quieres precisar tus sueños financieros? Sigue el sistema de cinco pasos:

PASO 1: Escribe lo que deseas e indícalo de una manera positiva y concisa.

PASO 2: Pon tu meta en forma de una cantidad de dinero. Este paso te ayudará a ver tu sueño con mayor claridad.

PASO 3: Decide cuánto tiempo estás dispuesto a esperar para alcanzar tu meta.

PASO 4: Busca todos los recursos posibles que ya tengas y que pudieran ser usados para lograr tu propósito.

PASO 5: Establece cuánto dinero necesitas ahorrar al mes para alcanzar tu sueño.

Puedes seguir los pasos de este capítulo para que te ayuden a alcanzar la cantidad de dinero específica de cualquier meta financiera que tengas.

Tu propósito puede ser a corto plazo, como es el pago total de la deuda de tu tarjeta de crédito; a término medio, como invertir para reunir la entrada de una vivienda; o a largo plazo, como crear los fondos para tu retiro. Ahora tienes las herramientas que necesitas para proyectar el crecimiento de una cuenta que ya existe y para establecer un programa mensual de inversión para alcanzar en el futuro una cantidad deseada. Al seguir los cinco pasos que has aprendido en este capítulo, has trazado tu mapa personal del camino que te lleva hacia el éxito. Sentirás que tienes más control de tu destino financiero. Y dormirás más tranquilo por la noche al saber que tu dinero se está encaminando hacia donde tú quieres que vaya.

Cuando hayas hecho toda esta planificación, trabaja con empeño hacia tu objetivo. Comprométete a poner a un lado el dinero que necesitas para alcanzar tu meta, y no permitas salirte de la ruta. Tu aplicación a ese objetivo será compensada con el dulce premio de llegar a tu destino financiero deseado.

Los ejemplos que acabamos de examinar fueron situaciones en las que tus inversiones se convertían en una cantidad total en efectivo o en las que tú tenías que pagar un dinero mensual para realizar tu objetivo. También supusimos tasas de ganancia de un 5 por ciento o más. Tal vez en estos momentos tengas cuentas con tasas de interés más bajas, pero cuando hayas terminado con este libro, les habrás dado el beso de despedida a tus minúsculas tasas de interés, sobre todo en lo que se refiere a tus metas a término medio y a largo plazo. Podrás conseguir para tu dinero tasas de interés que te darán muchos mejores y más rápidos resultados en tus inversiones.

En el próximo capítulo, te mostraré cómo ponerte metas de retiro realistas para desarrollar fondos de ahorro a largo plazo que te brindarán suficientes ingresos mensuales para poder dejar de trabajar para vivir. ¿Nos vamos a jugar golf?

CAPÍTULO TRES

Invierte en Tus Sueños

Al comienzo de la fábula de la cigarra y las hormigas nos encontramos a las hormigas cuando el viento otoñal está empezando a enfriarse y las hojas comienzan a caer de los árboles. Las hormiguitas han estado trabajando esforzadamente desde la primavera y durante todo el verano, recolectando granos para el invierno venidero. Trabajan noche y día, tomando descansos por turnos solamente. Ellas instan a su amiga, la cigarra, a que haga lo mismo mientras todavía tiene tiempo, pero ella no quiere que la molesten con eso. Es más tentador dormir hasta tarde, refocilarse bajo el sol y deleitarse con la luna llena. Entonces, llega el invierno. Las hormigas no tienen problema; pueden disfrutar de las cenas en casa durante las nevadas tormentas invernales. Pero la cigarra, que ha malgastado sus días holgazaneando, sin pensar jamás en el futuro, tiene que quedarse bajo el frío de la intemperie, rogando por miserables sobras para poder sobrevivir.

En mis veinte años de experiencia en el campo de la planificación financiera, me he encontrado muchas hormigas y muchas cigarras. Algunos de mis clientes trabajaron día y noche preparándose para la época en que no pudieran continuar o no quisieran continuar trabajando. Otros parecían pensar que todo iba a resolverse como por arte de magia; después de todo, estaban contribuyendo a sus 401(k) del trabajo.

Tú no tienes que trabajar tanto como esas laboriosas hormigas, pero sí necesitas prepararte para el porvenir, de manera que no acabes con el fondillo congelado cuando el futuro, de pronto, se convierta en el presente.

En el Capítulo Dos seguimos cinco pasos específicos que nos guiaron a través del proceso para conseguir una meta financiera específica dentro de un límite de tiempo específico. Los cinco pasos que aprendiste resultan útiles para establecer metas a corto, a medio y a largo plazos que requieren tener acceso a una cantidad total de dinero que usaremos de una sola vez. Aquí nuestra meta es desarrollar reservas que nos aportarán el ingreso que deseamos recibir *mensualmente* durante todos nuestros años de retiro.

Retirarse confortablemente significa, sencillamente, poder dejar de trabajar para vivir sin dejar de recibir una entrada mensual que nos permitirá satisfacer nuestras continuas necesidades y un recién descubierto estilo de vida.

Qué lejos de esto está la imagen de la persona madura y tranquila que se está apagando al final del camino de la vida y que ya no tiene la habilidad de trabajar. Estamos viviendo vidas más largas y más productivas. El retiro no significa sentarse en casa para esperar la muerte. Podría significar viajar a lo largo y ancho del país en una camioneta; dedicarse a jugar golf y jugarlo en los campos más difíciles del mundo; o quizás es regresar a la escuela para estudiar el curso con el que siempre habías soñado.

Sea lo que sea aquello en lo que decides pasar el tiempo, tampoco hay una edad fija para retirarte. Idealmente, mientras más pronto seas capaz de dejar de trabajar sin dejar de recibir mensualmente la entrada que deseas, mejor. Si quieres continuar trabajando después de ese momento, o tal vez hasta abrir un negocio o cambiar de profesión, mejor para ti, pero será una decisión consciente basada en tus preferencias personales y no en una necesidad económica.

Puede que muchos de mis colegas en el campo de la planificación financiera aseguren que te hará falta entre el 70 y el 80 por ciento de tus ingresos actuales después del retiro. No estoy de acuerdo. ¿Por qué debemos trabajar tan duro a lo largo de nuestras vidas para esperar con ansia el día en que vamos a recibir una *reducción* de nuestro estándar de vida? Cuando pensemos en el retiro, debemos vislumbrar una vida *mejor* que la que tenemos hoy día, y eso quiere decir tener una entrada mayor que la que tenemos en este momento. Con la planificación correcta podemos hacer realidad nuestros sueños para el futuro, sean los que sean.

La planificación financiera del retiro es el proceso de proyectar con antelación nuestras necesidades, ansias y deseos, y de establecer un plan que nos permitirá acumular suficiente dinero para crear reservas. Esos ahorros deben ser lo bastante como para suministrar, a partir del interés que ellos acumulan, el ingreso mensual que vas a necesitar.

"La planificación del retiro suena bien," dices, "pero ¿por dónde empiezo? Ya bastante difícil es planificar mis próximas vacaciones de verano. ¿Cómo voy a saber lo que voy a necesitar cuando me retire?" Tienes razón. La planificación del retiro *puede* ser una tarea abrumadora. Pero no *tiene* por qué serlo. Te ayudaré a comenzar y te acompañaré a través de los pasos.

Trabajar Duro No es Suficiente; Tienes que Trabajar Inteligentemente

Cada dólar que pones a un lado para tu futuro puede actuar como una máquina de dinero autopropulsada que continúa aumentando tu dinero sin que tú tengas que esforzarte mucho. Será necesario que te prepares sólo una vez, echar el engranaje a funcionar y entonces disfrutar de tu bien merecido descanso, todo gracias a uno de los conceptos más importantes del mundo de las inversiones: *interés compuesto*. Déjame explicarte.

Si depositaste $1,000 en una cuenta de ahorros y ganaste un 5 por ciento sobre ese dinero, al final del primer año habrás acumulado $1,050. Esos $50 representan la *ganancia* o interés que has ganado sobre tu dinero durante el primer año. Si resististe la tentación de sacar parte de ese dinero de la cuenta y lo dejaste tranquilo durante un año con la misma tasa de interés, ganarás un 5 por ciento no sólo sobre tu depósito original de $1,000, sino sobre los $1,050 que ya tenías al comienzo del segundo año. Estás ganando interés sobre interés, así también como sobre tu *principal* (tu depósito original). El balance de tu cuenta al final del segundo año será de $1,050 más un 5 por ciento sobre esa cantidad, o $1,102.50.

Esta tabla de Interés Compuesto te muestra cómo esos $1,000 crecerían con el tiempo a un interés del 5 por ciento sin que tú tengas que añadir depósitos adicionales. Tu depósito inicial está, sencillamente, acumulando interés sobre interés, año tras año. Este es el verdadero poder de las inversiones: generar suficientes ganancias a partir de tu dinero para que este comience a trabajar por ti tan duro como tu trabajaste para obtener la cantidad original que invertiste.

DEPÓSITO ORIGINAL DE $1,000 CON GANANCIAS AL 5% DE INTERÉS

Años	Balance al Final del Año	Ganancia de ese Año
1	$1,050	$50.00
2	$1,102.50	$52.50
3	$1,157.63	$55.13
4	$1,215.51	$57.88
5	$1,276.28	$60.77
10	$1,628.89	$77.56
15	$2,078.93	$99.00
20	$2,653.30	$126.35
25	$3,386.35	$161.25

Como puedes observar en esta tabla, estás obteniendo un "aumento" cada año en la cantidad que estás ganando a partir de tus ahorros, y todo sin que tengas que pasar trabajo, siempre y cuando mantengas el dinero en la cuenta. Así es cómo se gana dinero en las inversiones: ganando interés sobre interés.

El interés compuesto no necesita un mínimo para poder funcionar. Tu inversión, grande o pequeña, puede acelerarse tremendamente con los efectos de esta maravilla matemática. El interés compuesto es una magia que no toma recesos para merendar, ni vacaciones, ni falta por enfermedad. Es la más poderosa herramienta para hacer que tu dinero se multiplique, y lo único que hace falta es una cantidad inicial de dinero, una aceptable *tasa de ganancia* (el dinero que tu dinero produce si no se toca para que siga aumentando), y un poco de tiempo.

Recuerda que invertir con éxito no es tanto una cuestión de hacerlo en el "momento apropiado" como de darle "su momento," es decir dejar el dinero y sus ganancias la cantidad de tiempo suficiente en la cuenta *sin tocarlos.*

Así, cuando se trata de invertir con la meta de acumular buenas reservas para el retiro, no estás solo. Puedes servirte del poder del interés compuesto de manera que, en lugar de prepararte para el retiro como si te esperara un invierno muy frío, puedas estar listo para un período alegre y despreocupado de tu vida, con muchísimo tiempo libre que dedicar a tus aficiones, a tu familia, a tu religión . . . a cualquier cosa que quieras de verdad.

¿Cuánto Dinero Vas a Necesitar?

Quiero que pienses en tus años de retiro como una época en la que podrás hacer con tu tiempo lo que mejor te venga en gana. Piensa en dónde quisieras vivir y el tipo de actividades de las que te gustaría disfrutar. Ahora quiero que respondas la siguiente pregunta: ¿cuánto dinero vas a necesitar mensualmente para que te sientas confortable y seguro en ese ambiente soñado si pudieras retirarte hoy mismo? La respuesta a esa pregunta es el primer paso en tu camino para prepararte para un retiro seguro y feliz. Agarra tu libreta de notas y lápiz y escribe los pasos del 1 al 7 (puedes imprimir la Lista de Siete Pasos para el Retiro que está en www.JulieStav.com).

Comienza tu lista anotando la cantidad de dinero que te gustaría llevarte a casa cada mes para sentirte confortable y seguro económicamente. Trátate bien. No escatimes en esto. Supongamos que, si te retiraras hoy mismo, necesitarías llevarte a casa $3,000 al mes. Por ahora tu lista lucirá así:

PASO 1: Ingreso mensual deseado $3,000

PASO 2:

PASO 3:

PASO 4:

PASO 5:

PASO 6:

PASO 7:

¿Cuántos Años Faltan para el Retiro?

Una vez que hayas calculado el ingreso mensual que deseas, el próximo paso es establecer una fecha específica en la cual deseas haber alcanzado

ya tu meta. Si tienes treinta y cinco años de edad y quieres considerar retirarte a los sesenta y cinco, tendrás otros treinta años para avanzar hacia
tu meta y acumular suficiente dinero para tener un retiro digno de ti.
Añade el paso 2 a tu lista, de esta manera:

PASO 1: Ingreso mensual deseado $3,000

PASO 2: Años para llegar a la meta 30

PASO 3:

PASO 4:

PASO 5:

PASO 6:

PASO 7:

No te Olvides de la Inflación

Tus $3,000 al mes de aquí a treinta años no van a alcanzarte para adquirir
los mismos bienes y servicios que adquieres con ellos hoy día.

Cada año suben los precios de los alimentos, la ropa, la vivienda y el
transporte. Por ejemplo, en 1940 podías comprar diez hogazas de pan
por un dólar. En 1950 sólo podías comprar seis. ¿Cuántas barras de pan
puedes comprar hoy día con un dólar? No sé dónde haces tus compras,
pero en la panadería de mi barrio, yo no podría comprar ni media hogaza de pan viejo.

El nombre de ese aumento progresivo de los precios es *inflación*. Y es
una realidad de la vida.

Supongamos que la inflación va aumentando a razón de un 3 por
ciento durante los próximos treinta años. La inflación promedio en años
anteriores ha sido de aproximadamente un 3 por ciento al año, y esta es la
cifra que los expertos predicen para el futuro. Así que vamos a usar el 3
por ciento para nuestro ejemplo. Cada año que pasa necesitarás tener un
3 por ciento más de dinero para adquirir los mismos bienes y servicios
que adquiriste el año anterior. Puede que esto no parezca un gran aumento, pero, sólo para darte un ejemplo de cómo la inflación afecta el
poder adquisitivo que tiene nuestro dinero, escucha esto: si tú tuvieras
hoy día $100 para gastos, y durante los próximos treinta años el prome-

dio de inflación fuera de un 3 por ciento al año, al cabo de treinta años tendrás que tener $242.70 para adquirir todo lo que puedes adquirir con esos $100 hoy día.

Si no ajustas la cantidad que deseas cada mes de acuerdo al factor de inflación, no te va a alcanzar el dinero. Así que necesitamos proyectar cuál sería, al cabo de treinta años en el futuro, *el equivalente* de nuestro ingreso mensual deseado de $3,000 en el presente. ¿Cómo lo hacemos?

Usa la siguiente Tabla de Inflación para descubrir, después de tener en cuenta la inflación, a cuánto tendrá que aumentar en el futuro tu ingreso mensual deseado. Como es imposible predecir la tasa exacta de la inflación en el futuro, te brindo aquí muestras inflacionarias entre el 2 y el 5 por ciento.

TABLA DE INFLACIÓN

Número de Años	Tasa Promedio de Inflación por Año			
	2	3	4	5
5	1.104	1.159	1.217	1.276
10	1.219	1.344	1.480	1.629
15	1.346	1.558	1.801	2.079
20	1.486	1.806	2.191	2.653
25	1.641	2.094	2.666	3.386
30	1.811	2.427	3.243	4.322

Como estamos suponiendo una fecha de retiro de aquí a treinta años y una tasa de inflación del 3 por ciento al año de aquí a allá, pon el dedo en treinta años y deslízalo hacia la derecha, hasta que llegues a la columna del 3 por ciento. Vas a ver el número 2.427. Esto significa que en treinta años vas a necesitar 2.427 veces la cantidad que te hace falta hoy día. Ahora multiplica tu cantidad mensual deseada por 2.427. El resultado será el equivalente futuro de tu ingreso mensual.

$$\$3,000 \times 2.427 = \$7,281$$

Añade esta línea a nuestra lista, la cual ahora debe lucir así:

PASO 1: Ingreso mensual deseado $3,000

PASO 2: Años para llegar a la meta 30

PASO 3: Ingreso mensual que se necesita teniendo en cuenta la inflación
$7,281

PASO 4:

PASO 5:

PASO 6:

PASO 7:

"¡Madre mía! ¡$7,281!" gritas. "¿Cómo rayos voy a avanzar si la inflación sigue desgastando mis ahorros años tras año?"

Seleccionando inversiones cuyas ganancias sean mayores que la tasa de inflación. Desde 1926 hasta 1999 la inflación subió un promedio de un 3 por ciento. Durante el mismo período, las acciones de Estados Unidos tuvieron una ganancia anual promedio de un 11 por ciento. No sucedió lo mismo con las cuentas de ahorro o los bonos. Estos apenas se mantuvieron al nivel de la inflación. Hay estudios que muestran que se espera que en el futuro las acciones tengan un promedio anual de ganancia de un 11 por ciento, mientras las proyecciones para las cuentas de ahorro muestran un promedio de un 4.5 por ciento. Se espera que la inflación permanezca en aproximadamente un 3 por ciento. Dime ahora cuál alternativa es mejor.

¿Sigues sin convencerte? Vámonos al próximo paso.

Otras Fuentes de Ingreso

Cuando hayas proyectado tu futuro equivalente de ingreso mensual, tu próximo paso es buscar cualquier otra fuente de ingreso que esperas obtener durante el retiro. Puede que tengas una pensión de tu empleo, ingresos provenientes del alquiler de una propiedad, o un fideicomiso o trust a tu nombre. Tal vez tienes el propósito de seguir trabajando parcialmente. Réstale a tu cantidad mensual deseada cualquier fuente de ingreso *mensual* que normalmente tú esperas continuar recibiendo todos los meses. El resultado será el ingreso que te será indispensable generar mensualmente a partir de tus inversiones. Pon esta cantidad ajustada en el paso 4 de la lista. En nuestro ejemplo, vamos a suponer que no estás esperando ningún otro ingreso mensual durante tu retiro. Tu lista luce así ahora:

PASO 1: Ingreso mensual deseado $3,000

PASO 2: Años para llegar a la meta 30

PASO 3: Ingreso mensual que se necesita teniendo en cuenta la inflación $7,281

PASO 4: Ingreso mensual ajustado que se necesita teniendo en cuenta la inflación (paso 3 menos otros ingresos mensuales) $7,281

PASO 5:

PASO 6:

PASO 7:

Nota: Si sabes cuál es la cantidad mensual de ingreso del Seguro Social que recibirás, réstala del total que necesitarás en el paso 4. El resultado será la cantidad que usarás para el resto de este proceso. Puedes pedir un estado de cuentas del Seguro Social que muestre un estimado de tus beneficios para cuando te jubiles. Se llama en inglés "Request for Earnings and Benefit Estimate Statement" (planilla SSA-7004-SM), y está disponible en la Internet en www.ssa.gov. También puedes llamar a la Administración del Seguro Social, al (800) 772-1213, y pedirles que te envíen una planilla.

¿Cuántos Ahorros Vas a Necesitar?

Cuando le hayas restado a tu cantidad proyectada cualesquiera otras fuentes de ingreso mensual que tendrás durante el retiro, es necesario que averigües cuánto dinero, en dólares y centavos, debes tener para poder recibir a partir de esta cuenta tu "cheque salarial de retiro," *indefinidamente, durante todo el tiempo que te quede de vida.*

La siguiente tabla para calcular el Fondo de Reservas te ayudará proyectar la cantidad total que necesitarás cuando te retires para obtener tu ingreso mensual deseado. Vamos a suponer que al retirarte podrás recibir una tasa anual de ganancia de un 8 por ciento. Puede que esta cifra te parezca elevada en este momento, pero después de leer este libro estoy se-

FONDO DE RESERVAS NECESARIO PARA RECIBIR EL INGRESO MENSUAL DESEADO DURANTE EL RETIRO

Si Estás Recibiendo esta Tasa de Ganancia	Multiplica por este Número tu Ingreso Mensual Deseado
3%	400
4%	300
5%	240
6%	200
7%	171.43
8%	150
9%	133.33
10%	120
11%	109.09
12%	100
13%	92.31
14%	85.71
15%	80
20%	60
25%	48
30%	40

gura de que exigirás que tu dinero te rinda más beneficios que los que te ha ofrecido hasta ahora.

Busca 8 por ciento en la columna izquierda y multiplica tu cantidad mensual deseada por el número que está al lado de 8 por ciento (150). En nuestro ejemplo, estamos multiplicando $7,281 × 150 = $1,092,105. Agreguemos esta cifra a nuestra lista de la siguiente forma:

PASO 1: Ingreso mensual deseado $3,000

PASO 2: Años para llegar a la meta 30

PASO 3: Ingreso mensual que se necesita teniendo en cuenta la inflación $7,281

PASO 4: Ingreso mensual ajustado que se necesita teniendo en cuenta la inflación (paso 3 menos otros ingresos mensuales) $7,281

PASO 5: Volumen del fondo de reserva para el retiro a un 8% $1,092,150

PASO 6:

PASO 7:

¿Cuánto Dinero Tendrás que Invertir?

Ahora que sabemos el volumen que debe tener tu futuro fondo de reservas, el próximo y último paso es calcular cuánto dinero debes ahorrar para alcanzar esa meta. ¿Te parece haber oído ya esto anteriormente? En el capítulo 2 establecimos un sistema de cinco pasos para lograr una cantidad total futura. En este caso la cantidad total es el volumen de nuestro fondo de reserva.

Hay dos fuentes de confianza que pueden servirte para acercarte aun más a tu meta. La primera es cualquier cuenta ya existente que hayas logrado abrir. Puede que tengas una cuenta de ahorro con el banco cooperativo de crédito (*credit union*) de tu trabajo, o una cuenta individual de retiro (*IRA*) que abriste hace años y que nunca has vuelto a tocar. La segunda fuente es la cantidad de dinero que podrás ahorrar cada mes entre ahora y el momento en que te retires. Es claro que mientras más dinero ya tengas ahorrado, mejor, ya que eso significará que necesitarás invertir mensualmente menos dinero para conseguir tu meta deseada.

Supongamos que tienes una cuenta en el banco cooperativo de crédito con un balance de $8,000 y un 401(k) en el trabajo con un balance de $34,000. Esos $42,000 pueden producirte muchos beneficios entre ahora y el momento en que te retires. Usaremos una tabla parecida a la que usamos en el Capítulo Dos para proyectar el valor futuro de cuenta de ahorro actual (esa tabla fue del valor futuro de $1, y esta tabla es del valor futuro de $1,000). Vamos a suponer dos cosas: una tasa de ganancia de un 8 por ciento en nuestras proyecciones (porque cuando termines con este libro tú harás que eso sea lo menos que ese dinero se esfuerce en tu beneficio), y que te faltan treinta años para retirarte.

Busca treinta años en la columna Años para la Meta y desliza el dedo

**VALOR FUTURO DE UNA INVERSIÓN DE $1,000 SEGÚN
DIVERSAS TASAS DE GANANCIA**

Años para la Meta	Promedio del Interés Anual Ganado								
	5%	6%	7%	8%	9%	10%	11%	12%	
35	$5,516	$7,686	$10,677	$14,785	$20,414	$28,102	$38,575	$52,800	$133,176
30	$4,322	$5,743	$7,612	$10,063	$13,268	$17,449	$22,892	$29,960	$66,212
25	$3,386	$4,292	$5,427	$6,848	$8,623	$10,835	$13,585	$17,000	$32,919
20	$2,653	$3,207	$3,870	$4,661	$5,604	$6,727	$8,062	$9,646	$16,367
15	$2,079	$2,397	$2,759	$3,172	$3,642	$4,177	$4,785	$5,474	$8,137
10	$1,629	$1,791	$1,967	$2,159	$2,367	$2,594	$2,839	$3,106	$4,046
5	$1,276	$1,338	$1,403	$1,469	$1,539	$1,611	$1,685	$1,762	$2,011

a la derecha, hasta que encuentres el cuadro debajo del 8 por ciento. La cifra esa es $10,063. Esto es lo que tus $1,000 aumentarán en treinta años a un 8 por ciento. Como tenemos $42,000, necesitamos multiplicar esa cifra por cuarenta y dos.

$$\$10,063 \times 42 = \$422,646$$

Este es el valor de tus $42,000 de aquí a treinta años con un 8 por ciento de ganancia anual.

Acabas de encontrar una considerable cantidad de dinero que puedes aplicar a tu fondo de reserva sin tener que añadir ni un centavo de tu bolsillo. Eso significa que la cantidad a la que tienes que llegar con tus inversiones mensuales acaba de reducirse $422,646. Réstale esta cantidad a tu cifra original de $1,092,150 y obtendrás $669,504. Este es el volumen ajustado del fondo de reserva que deseas. Vamos a actualizar nuestra lista:

PASO 1: Ingreso mensual deseado $3,000

PASO 2: Años para llegar a la meta 30

PASO 3: Ingreso mensual que se necesita teniendo en cuenta la inflación
$7,281

PASO 4: Ingreso mensual ajustado que se necesita teniendo en cuenta la inflación (paso 3 menos otros ingresos mensuales) $7,281

PASO 5: Volumen del fondo de reserva para el retiro a un 8% $1,092,150

PASO 6: Volumen del fondo de reserva ajustado (paso 5 menos otras cuentas) $669,504

PASO 7:

¿Puedes adivinar cuál es el paso próximo y último? Si respondiste que ahora tienes que calcular cuánto dinero necesitas ahorrar mensualmente para alcanzar $669,504, ¡acertaste!

Volvamos de nuevo a la Tabla de Inversión Mensual que usamos en el capítulo anterior para encontrar la respuesta a esa pregunta, dando por sentada una ganancia de un 8 por ciento.

INVERSIÓN MENSUAL NECESARIA PARA LLEGAR A UNA META DE $1,000

Años para la Meta	Promedio del Interés Anual Ganado								
	5%	6%	7%	8%	9%	10%	11%	12%	15%
35	.88	.70	.56	.44	.34	.26	.20	.16	.07
30	1.20	1.00	.82	.67	.55	.44	.36	.29	.14
25	1.68	1.44	1.23	1.05	.89	.75	.63	.53	.31
20	2.43	2.16	1.92	1.70	1.50	1.32	1.16	1.01	.67
15	3.74	3.44	3.15	2.89	2.64	2.41	2.20	2.00	1.50
10	6.44	6.10	5.78	5.47	5.17	4.88	4.61	4.35	3.63
5	14.70	14.33	13.97	13.61	13.26	12.91	12.58	12.24	11.29
2	39.70	40.00	39.32	38.94	38.56	38.18	37.81	37.44	36.34

Como deseas alcanzar tu meta en treinta años, busca ese número en la columna de Años para la Meta. Desliza el dedo hacia la derecha hasta que llegues a la columna del 8 por ciento. La cifra allí es .67, la cual representa la cantidad de dinero que necesitas ahorrar mensualmente durante treinta años a un 8 por ciento para llegar a los $1,000. Debido a que queremos llegar a $669,504, divide 669,504 entre 1,000 y luego multiplica por .67 el número obtenido. El resultado será $448.57.

$$669,504 \div 1,000 = \$669,504 \times .67 = \$448.57$$

Te será necesario ahorrar $448.57 todos los meses, con una ganancia de un 8 por ciento, durante los próximos treinta años, para lograr tu fondo de reserva deseado. En ese momento podrás comenzar a extraer de esa cuenta $7,281 cada mes, lo que representa un 8 por ciento de tu cantidad total. Esta cuenta debe durarte el resto de tu vida si puedes continuar ganando un 8 por ciento. Si cuando comiences a extraer dinero ganas menos interés, vamos a ocuparnos de esa situación en el Capítulo Doce. Aparte de esto, ¡tu planificación y disciplina acaban de convertir tus años dorados en tu edad de oro!

Ahora puedes completar el último paso de nuestra gráfica:

PASO 1: Ingreso mensual deseado $3,000

PASO 2: Años para llegar a la meta 30

PASO 3: Ingreso mensual que se necesita teniendo en cuenta la inflación $7,281

PASO 4: Ingreso mensual ajustado que se necesita teniendo en cuenta la inflación (paso 3 menos otros ingresos mensuales) $7,281

PASO 5: Volumen del fondo de reserva para el retiro a un 8% $1,092,150

PASO 6: Volumen del fondo de reserva ajustado (paso 5 menos otras cuentas) $669,504

PASO 7: Inversión mensual que se necesita para alcanzar la meta $448.57

Una Rápida Mirada Hacia Atrás

Estos son los pasos que dimos para preparar un retiro cómodo:

PASO 1: Decide cuánto dinero te gustaría recibir mensualmente.

PASO 2: Calcula cuántos años te quedan para retirarte.

PASO 3: Proyecta tu cantidad mensual futura teniendo en cuenta la inflación.

PASO 4: Réstale a la cantidad en el paso 3 cualquier fuente de ingreso mensual que puedas tener en el futuro.

PASO 5: Usa la tabla calculadora del Fondo de Reserva de la página 41 para hallar cuánto dinero te será necesario acumular para obtener tu ingreso mensual cuando llegue el retiro.

PASO 6: Proyecta el valor futuro de cualesquiera cuentas actuales que puedas aplicar a tu retiro y resta esa cantidad de la cantidad de tu fondo de reserva.

PASO 7: Establece qué cantidad de dinero necesitarás ahorrar mensualmente para asegurarte de alcanzar tu meta deseada.

La independencia financiera descansa en tu sabiduría para combinar tres variables: la *cantidad de dinero* que tienes disponible para invertir, la ganancia anual promedio que puedes sacarle a tu dinero y el producto más valioso de todos: tiempo.

Puede que no tengas mucho control sobre la cantidad de dinero disponible que posees para encaminarte hacia el logro de tus metas financieras, y sin dudas que no podemos volver atrás el reloj para conseguir más tiempo, pero hay algo que podemos controlar: la ganancia que obtenemos en el dinero por el que tanto hemos trabajado.

¿Quieres saber las opciones que hay sobre la mesa? En el próximo capítulo comenzaremos nuestro viaje a través de un menú de inversiones que satisfacerá tu hambre de ganancias, sin que tengas que recurrir al Pepto-Bismol.

CAPÍTULO CUATRO

Invierte à la Carte

¿Recuerdas la primera vez que fuiste a un restaurante chino? Lo más probable es que la lista de platos se extendía por varias páginas y cada oferta sonaba más exótica que la anterior. Después de haber ido varias veces al restaurante y de meter la pata frecuentemente cuando pedías tu orden, probablemente te limitaste a varios platos deliciosos que satisfacían perfectamente tu paladar, y sólo te arriesgabas en terrenos desconocidos cuando se apoderaba de ti un espíritu de aventura.

Si escoger la inversión correcta es para ti como ir al Restaurante Ming, te encantarán los capítulos siguientes. En lugar de probar todo tipo de inversiones extrañas hasta que des con las que te convienen, vamos a ayudarte a decidir de antemano qué es lo que te beneficia y qué no. Vas a servirte de lo que aprendiste en los capítulos anteriores, deleitándote bocado a bocado.

Ya sabes cómo establecer metas financieras específicas, ya sea para ahorrar con el propósito de un gasto único, o para crear un fondo de reserva que te brindará un futuro ingreso mensual. Cuando decidiste la cantidad que deseabas, seguiste los pasos para calcular la cantidad mensual que necesitarías para lograr tu meta, usando unas supuestas tasas anuales de interés. Esas tasas de interés, estimadas a un 5 y a un 8 por ciento, compuestas año tras año, le dieron a tu cuenta el impulso que necesitaba para ayudarte a alcanzar tu meta deseada: un futuro financiero seguro.

Ahora, en este capítulo, comenzaremos a examinar tu menú de inversiones, y en los próximos capítulos te ayudaré a escoger el fondo mutuo que más te conviene, ya sea que estés ahorrando para dar la entrada para un automóvil, para unas vacaciones veraniegas, para un viaje alrededor del mundo, para la educación de tus hijos, o para un retiro cómodo y sin preocupaciones. Aprenderás a seleccionar entre la abrumadora cantidad de opciones de fondos mutuos disponibles, e invertirás en aquellos que satisfacen no sólo tus expectativas de ganancias sino también tu tolerancia ante el riesgo y el tiempo que tienes disponible para lograr tu meta.

¿Cuándo Es que Piensas Llegar a la Meta?

Antes de irnos directamente a los tipos de fondos mutuos, es necesario enfrentar nuevamente esa cuestión crucial: el límite de tiempo. El factor más importante a considerar cuando se escoge una inversión es decidir *cuánto tiempo* estás dispuesto a esperar para convertir en dinero tus potenciales ganancias. Y todo eso depende de cuándo necesitas tener acceso a tu dinero.

El Inversionista a Corto Plazo

Hay dos tipos de metas a corto plazo: metas a corto plazo que tú deseas alcanzar en los próximos dos años, y metas a corto plazo que tienes de dos a cinco años para realizar. Una meta a corto plazo puede ser liquidar la deuda de una tarjeta de crédito que tiene un interés alto o acumular suficiente dinero para una excursión de verano o una entrada para comprar un auto. Aunque dos años podría parecer mucho tiempo para alcanzar tu meta, en términos del tiempo para inversiones un período de dos años se considera un período de tiempo muy breve.

Cuando el tiempo en que tú puedes invertir tu dinero no es muy prolongado, cada centavo cuenta, y lo menos que debes hacer es arriesgar todo tu dinero con la esperanza de obtener grandes ganancias. Por tanto, si estás planeando recoger tus ganancias de aquí a dos años, *no* sería lógico que arriesgaras todo tu dinero en el mercado de valores o en fondos mutuos. Si te quedan de dos a cinco años para invertir el dinero, hablaremos de eso más adelante. Por ahora, nos estamos ocupando de un plazo muy corto.

La inconstancia de las inversiones en acciones y fondos mutuos hace imposible predecir con precisión cuál sería el valor de tu cuenta dentro de un período de tiempo tan corto. Muchos inversionistas ingenuos, guiados por titulares periodísticos que hablan de ganancias extraordinarias en el mercado bursátil, colocan la mayoría de su dinero en acciones individuales y fondos mutuos, pero lo recogen en la peor de las situaciones posibles: cuando los precios bajan y actúan guiados por el pánico, o cuando, estando bajos los precios, ellos, sencillamente, necesitan recurrir a esos fondos.

Aunque el promedio anual de ganancia del mercado ha sido sobresaliente, recuerda que se trata sólo de un promedio. En ocasiones anteriores los inversionistas en la bolsa de valores han sufrido reveses temporales (y a veces no tan temporales) en el mercado. Tú debes tener la capacidad de aguantar esas épocas en que los precios de las acciones están bajos, sin que sufras la presión adicional de tener que recurrir de inmediato a tu dinero.

Échale una ojeada a la siguiente gráfica. Representa el comportamiento del mercado de valores de Estados Unidos entre mayo de 1986 y febrero de 2001. Cada barra vertical representa un mes. Las barras por encima de la línea horizontal ilustran los meses en que las acciones aumentaron de valor, y las barras por debajo de la línea son aquellos meses desesperantes en que descendió el valor de las acciones. Los números a lo largo de la columna de la izquierda muestran el grado de ganancias o de pérdidas con acciones a través de los años.

La parte superior de la gráfica muestra que el total de la ganancia promedio del S&P 500 Index durante ese período de tiempo fue 14.95.

¡Oye eso! ¿Qué es un *índex*? En la jerga de las inversiones, un *índex* (o indicador) es, sencillamente, un muestreo de diferentes tipos de compañías que conforman todo el mercado de valores. Los *índexes* (o *índices*) descomponen ese gigantesco mundo de compañías en grupos más pequeños de compañías que hacen más fácil el análisis del mercado de valores.

No voy a pedirte que te pongas tu chaqueta de ejecutivo ni que enciendas tu pipa, pero déjame explicarte con la mayor sencillez posible que un índex o indicador está formado por la agrupación de un conjunto de inversiones que comparten características similares. Por ejemplo, aquí estamos hablando acerca del S&P 500 Index. Este indicador, compuesto por 500 compañías—¿lo habías adivinado?—es uno de los indicadores que se observan con más atención en todo el mundo. Las acciones que conforman el S&P son seleccionadas como representativas de las numerosas industrias que componen la economía de Estados Unidos; está for-

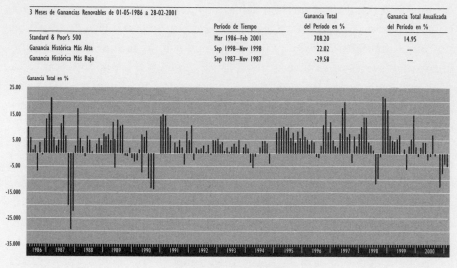

3 Meses de Ganancias Renovables de 01-05-1986 a 28-02-2001	Período de Tiempo	Ganancia Total del Período en %	Ganancia Total Anualizada del Período en %
Standard & Poor's 500	Mar 1986–Feb 2001	708.20	14.95
Ganancia Histórica Más Alta	Sep 1998–Nov 1998	22.02	---
Ganancia Histórica Más Baja	Sep 1987–Nov 1987	-29.58	---

Fuente: Morningstar®Principia®Pro

mado por aproximadamente 400 acciones industriales, 400 de servicios públicos, 40 de finanzas y 20 de transporte. (Este es un pequeño dato que impresionará a tus amigos: al contrario de lo que generalmente se cree, el S&P 500 *no* está formado por las 500 compañías más grandes de Estados Unidos. Más sobre esto en el Capítulo Seis).

"No está nada mal," dices. Pero si observas con más atención notarás que entre 1986 y 2001 la ganancia mayor durante tres meses fue de un 22.02 por ciento, ¡mientras que la ganancia menor fue una *pérdida* de un 29.58 por ciento! Cualquier inversionista a corto plazo con un límite de tiempo de menos de dos años podría haber comprado sus acciones en el momento en que estas estaban más caras, y las habría vendido cuando los precios de esas acciones estaban por el piso. ¡Cómo duele eso!

Debido a que es imposible anticipar siempre el mercado correctamente, lo mejor que haces es mantener fuera de esta carrera el dinero que vas a necesitar en los próximos dos años.

Entonces, ¿qué opciones de inversión tienes? Si te has decidido por una meta dentro de un límite de tiempo de dos años, tus mejores opciones deben ser solamente aquellas que no están sujetas a fluctuaciones del mercado que pudieran reducir el valor de tu cuenta. Sin embargo, estas opciones sí te brindan una tasa menor de ganancia. Ese es el precio que tienes que pagar cuando no puedes exponerte a arriesgar tu dinero.

Por tanto, tu meta para los próximos dos años es **ahorrar o guardar** tu dinero en un sitio donde no vas a correr el riesgo de perder tu *principal* (tu capital inicial de inversión, o el dinero que ya tú tenías al principio); pero allí no vas a obtener una buena tasa de ganancia.

He aquí el menú de tipos de cuentas que te ofrecerían la *liquidez* (el acceso a tu dinero) a corto plazo que tú necesitas, la seguridad de tu principal y las ganancias más altas posibles:

1. *Cuenta de ahorros.* Este es el tipo de cuenta más popular en esta categoría y la mayoría de nosotros ya sabemos cómo funciona. Depositas tu dinero y ganas interés, que casi siempre es bajo. Tu cuenta está asegurada por el gobierno mediante la Corporación Federal de Seguros de Depósitos (siglas en inglés: FDIC) hasta un máximo de $100,000 por banco. No necesitas comprometerte a que tu dinero permanezca en esa cuenta durante un cierto período de tiempo, de manera que tu dinero tiene total liquidez, es decir, que en cualquier momento puedes sacar parte de él o todo. Puedes abrir una cuenta de ahorros en prácticamente cualquier banco. Investiga para que encuentres qué banco te ofrece la mejor tasa de interés.

2. *CD o certificado de depósito.* Los bancos también ofrecen este tipo de cuenta. La tasa de interés que ganas es por lo general más alta que la que ganas en una cuenta de ahorros normal, pero tienes que comprometerte a no sacar el dinero durante un período de tiempo específico. Este período puede ir desde un mes a diez años. Si piensas ahorrar en un CD, no te limites a los bancos que sólo tienen oficinas en tu estado. A menudo puedes encontrar tasas más altas en bancos de fuera del estado. Puedes ir a www.bankrate.com para buscar las mejores tasas de CD en todo Estados Unidos.

Para escoger el CD que más te conviene, decide primero cuánto tiempo estás dispuesto a no tener acceso a tu dinero. ¿Tres meses? ¿Seis meses? Cuando decidas eso, busca la tasa mejor de acuerdo al límite de tiempo. Podría convenirte dividir tu dinero en dos partes y tener un CD de tres meses y otro de seis meses. De esa manera tendrás una cuenta que vence cada tres meses, mientras al mismo tiempo aprovechas una tasa más alta al estar dispuesto a comprometerte a un período de tiempo más prolongado. Asegúrate siempre de llamar al

(800) 934-3342 para verificar que el banco en que estás pensando es miembro del FDIC.

3. *T-bills.* Las letras de cambio de la Tesorería (*Treasury bills* o *T-bills*) son pagarés (IOU) del gobierno. Cuando compras un T-bill, le estás prestando dinero al gobierno y este te paga con intereses sobre ese préstamo. La confianza y el crédito absolutos del gobierno de Estados Unidos garantiza que el interés y el dinero original que invertiste, el *principal*, será pagado a tiempo. Puedes comprarles T-bills a la mayoría de los agentes de la bolsa, quienes te cobrarán una comisión por abrir una cuenta, o puedes comprar T-bills directamente al Departamento de Hacienda (o Tesorería) de Estados Unidos, sin costo alguno, si te pones en contacto con TreasuryDirect, P.O. Box 660657, Dallas, TX 75266-0657. Su número gratis es (800) 722-2678. Igual que con un CD, debes estar dispuesto a no tocar tu cuenta de T-bill durante un período de tiempo. Los requerimientos de tiempo para estas letras de cambio de la Tesorería son trece semanas (tres meses), veintiséis semanas (seis meses) o cincuenta y dos (un año). La inversión mínima en un T-bill es de $1,000. El interés que le ganas a las letras de cambio de la Tesorería está libre de impuestos estatales y locales, pero no de impuestos federales.

Un T-bill es, por lo general, una herramienta mejor para ganar dinero que un CD o una cuenta de ahorro si vives en un estado que impone impuestos estatales y locales y te encuentras en la categoría que está por encima del grupo que paga un 28 por ciento de impuestos al gobierno.[1]

---

[1]Si no sabes cuál es tu categoría de impuestos y no tienes un contador a quien preguntarle, he aquí cómo puedes hallar cuál es tu categoría impositiva:

Ve a www.irs.gov. En la parte inferior de la página principal verás "Tax Info for You" (Información sobre impuestos para usted); teclea aquí. Te presentarán una especie de tabla de contenido. Teclea en "Tax Tables" (Tablas de impuestos). En esa pantalla verás una tabla de impuestos del año más reciente. Hay instrucciones que, traducidas al español, dirían: "Úsela si su ingreso sujeto a impuestos es menos de $100,000. Si es $100,000 o más, use *Tax Rate Schedules*." Independientemente de cuál sea tu ingreso (*incluso si es menos de $100,000*), teclea en "Tax Rate Schedules" (Programas de tasas de impuestos). Busca tu estado civil según el cual pagas tus impuestos (¿eres *single* [soltero/a]; *married and filing jointly* [casado/a y presentas tu informe junto a tu pareja]; etc.?). Cuando hayas hecho esto, calcula el nivel en que está tu ingreso sujeto a impuestos (tu ingreso *menos* tus descuentos), y el porcentaje que está a la derecha es tu categoría impositiva o *tax bracket*.

4. *Fondos mutuos de inversión en el mercado monetario y cuentas del mercado monetario.* La última categoría a considerar para tus ahorros a corto plazo son las cuentas de mercado monetario (*money market accounts*).

Los *fondos mutuos de inversión en el mercado monetario* (*money market mutual funds*) invierten en T-bills y en pagarés dados por corporaciones con cualificaciones de crédito muy elevadas. Un ejemplo específico de en qué estos invierten sería un préstamo a corto plazo a una corporación o compañía grande que se vence entre uno a noventa días. Estos tipos de préstamos son conocidos como "préstamos comerciales ficticios" y se consideran relativamente seguros. A diferencia de los certificados de depósito y las letras de cambio de la Tesorería, el gobierno *no* asegura este tipo de cuenta; sin embargo, debido a la naturaleza de las inversiones de fondos mutuos en el mercado monetario (que son a corto plazo, las compañías en las que invierten son grandes y estables, y sus transacciones están sumamente reguladas por el gobierno), estos tipos de cuentas son consideradas muy seguras. Las ganancias se pagan a los accionistas en forma de dividendos y los inversionistas pueden firmar cheques contra el balance invertido en estos fondos. No tienes que comprometerte a depositar tu dinero durante un período de tiempo específico, pero algunos fondos mutuos de inversión en el mercado monetario exigen un depósito mínimo. Los fondos de inversión en el mercado monetario se pueden obtener directamente de los grupos de fondos mutuos (Vanguard, Strong, Fidelity, etc.) o puedes adquirirlos a través de una firma de corretaje (como Schwab, Merril Lynch y Olde).

La mayoría de los bancos ofrecen *cuentas de mercado monetario.* Estas cuentas están aseguradas por el gobierno, lo que permite a los inversionistas nerviosos dormir más tranquilamente, pero la ganancia que ofrecen siempre ha sido más baja. Igual que con un fondo mutuo de inversión en el mercado monetario, no tienes que comprometerte a depositar tu dinero durante un período de tiempo fijo. Tienes acceso total a tu dinero; sin embargo, puede que tengas algunas restricciones en lo que se refiera a la cantidad de extracciones que puedes hacer de tu cuenta. Aunque el rendimiento promedio puede ser más bajo que el de los fondos mutuos de inversión en el mercado monetario, algunos bancos están ofreciendo rendimientos más altos para atraer depósitos; por eso conviene investigar en diferentes bancos.

¿Debes poner tu dinero en un fondo de inversión en el mercado monetario o en una cuenta de mercado monetario? Personalmente, me inclino a favorecer los fondos de inversión en el mercado monetario. El tiempo ha demostrado que sus ganancias son mayores y, aunque estos fondos no están asegurados, nadie jamás ha perdido dinero en un fondo de inversión en el mercado monetario. Sin embargo, te insto a que examines los fondos mutuos de inversión en el mercado monetario y las cuentas de mercado monetario, a que investigues y que escojas lo que más te conviene de acuerdo a la ganancia y a cuánta seguridad te hagan sentir.

Para encontrar el mejor fondo de inversión en el mercado monetario, sigue los siguientes pasos:

a. Ve a www.ibcdata.com/index.html.

b. Selecciona "Money Fund Selector" (Seleccionador de Fondo Monetario).

c. A la mano izquierda de la pantalla verás "How to Select a Money Fund" (Cómo Seleccionar un Fondo Monetario); marca eso.

d. Como eres un inversionista individual, marca la opción "Individual" que aparece en esta pantalla.

e. Ahora nos preguntan si hemos pensado en algún fondo en específico. Como no es así, salta a la pregunta 2. Aquí nos ofrecen tres alternativas: "Safety" (Seguridad), "Tax Savings" (Ahorro de Impuestos) y "Yield" (Rendimiento). *Safety* te dará fondos que sólo invierten en letras de cambio de la Tesorería. Estos fondos son superseguros, pero su rendimiento puede ser más bajo. *Tax Savings* te dará fondos que invierten en bonos del gobierno que pueden ofrecer dividendos libres de impuestos. Estos también son muy seguros y pueden estar libres de impuestos estatales o federales, pero también es probable que tengan un rendimiento más bajo. Si marcas la opción *Yield* verás una lista de fondos no gubernamentales. Estos son por lo general los que mejor se desempeñan. Como todos los fondos de mercado monetario son relativamente seguros, y sólo nos vamos a quedar por poco tiempo, te recomiendo que busques el rendimiento más alto, así que marca "Yield."

f. Lo que ves ahora es una lista de fondos mutuos de inversión en el mercado monetario no gubernamentales, clasificados según su rendimiento compuesto de siete días. En español eso significa que, como el interés que se paga en estas cuentas puede cambiar a diario, el interés anual se basa en el promedio del interés que se paga en los últimos siete días.

También vas a fijarte en que hay una columna que dice "Note," y que algunos fondos tienen la letra *h*, *r* o *k* en esta columna. Una *h* significa que el fondo exige un depósito de $50,000 o más. Si eso se sale de tu presupuesto, este fondo queda descalificado de inmediato. La *r* quiere decir que se han impuesto restricciones sobre el fondo, lo que significaría una inversión mínima o un número limitado de cheques para sacar dinero. Yo no quiero tener un fondo que me limita de alguna forma, así que también borraría estos fondos de mi lista. Una *k* en la columna Note significa que todos o parte de los gastos del fondo no se cobran o se reembolsan. ¿Por qué son tan buenos con nosotros? Bueno, el administrador que se ocupa de invertir el dinero de la cuenta a nombre tuyo está suspendiendo temporalmente su salario, y en lugar de eso ese dinero se distribuye en forma de interés entre tú y los otros participantes en ese fondo. Qué amabilidad, ¿no es cierto? Ese amable administrador del fondo está trabajando de gratis para que tú puedas obtener más dinero. Me parece demasiado bueno para ser verdad . . . y lo es. El negocio es este: el fondo suspenderá o reembolsará los honorarios *durante un período limitado de tiempo* para que el rendimiento suba, lo que hace que el fondo resulte más atractivo a los posibles inversionistas. Pero cuando expira ese período limitado de tiempo, esos honorarios regresan . . . y es posible que ni siquiera te des cuenta. Entonces tu rendimiento se reducirá de repente. Es como con esas ofertas de tarjetas de crédito que recibes en el correo. Te prometen una tasa de interés muy baja durante los primeros tres o seis meses, pero después comienzan a cobrarte una tasa exorbitante, y tú te quedas atrapado pagando más de lo que habías acordado. Todo esto se basa en el concepto de que la mayoría de la gente ni siquiera se toma la molestia de notar el cambio en las tasas de interés. Por eso te sugiero que te alejes siempre de esos fondos marcados con una *k*.

g. Pues bien, ahora que has eliminado algunos fondos, ¿cuál tiene el rendimiento más alto? Ese fondo parece ser el mejor, pero primero tienes que revisar su prospecto (o *prospectus*, un informe que te dice todo sobre el fondo). Para obtener el prospecto del fondo, ve en el Internet a www.sec.gov/edgar/searchedgar/prospectus.htm y en el primer cuadro que se abre, teclea el nombre del fondo. (Sugerencia: no escribas todo el nombre, sólo la primera palabra.) En el cuadro que está junto a "What date range?" (¿Qué categoría de fechas?) escoge "Entire Database since 1/1/94" (Toda la base de datos desde 1/1/94). Luego presiona la tecla de "Submit Choices" (Envíe las selecciones). Escoge la fecha más reciente que está al lado del nombre de tu fondo, y marca esa conexión.

¡No te asustes! Cada prospecto de fondos de la Comisión de Bolsa y Valores (SEC) luce así, y es absolutamente abrumador, pero imprímelo y examina el material. Después de hacerlo, te recomiendo que telefonees directamente al fondo. Verás en el prospecto un número para llamadas gratis. Cuando los llames y les digas que estás interesado en el fondo, lo primero que te preguntarán es si has leído el prospecto. Ahora puedes decir que sí. Pero tú quieres algunas respuestas. Pregúntales si existen restricciones sobre el fondo. ¿Es necesario que deposites una cantidad mínima? ¿Se imponen penalidades si no llegas a ese mínimo? ¿Es limitada la cantidad de cheques que puedes firmar contra esa cuenta? ¿Y hay gastos escondidos? Si fuera yo, también verificaría el rendimiento, sólo para asegurarme de que la información en el sitio web de ibcdata es la correcta.

h. Si las respuestas que recibiste fueron satisfactorias, puedes abrir una cuenta. Sin embargo, antes de hacerlo, te convendría revisar algunas cuentas de mercado monetario.

Para hallar las mejores cuentas de mercado monetario del país (no tienes que limitarte a los bancos de tu estado) ve a www.bankrate.com.

a. Marca en "Money Markets" en la barra de navegación a la izquierda de tu pantalla.

b. En el cuadro que dice "Get the Best Rate!" (¡Obtén la mejor tasa!) puedes buscar por estado o, sencillamente, cuentas de mercado monetario con rendimiento alto. Como no queremos limitarnos de ninguna manera, ignora la opción que te pregunta tu estado de preferencia; queremos la mejor cuenta de todo el país. Así que mira donde dice "High Yield MMAs" (Cuentas de mercado monetario de rendimiento alto), asegúrate de que "MMA" está en la ventana, y entonces marca "Go."

c. Te presentarán una lista de mercados monetarios, colocados de acuerdo a sus rendimientos. Esta lista ofrece el rendimiento anual, que es el interés que se paga anualmente, tomando en cuenta cuán a menudo la institución compone el interés; la tasa, que es solamente el interés que se paga sin haber sido compuesto; CM (*compound method* o método de composición), el cual indica cuán a menudo se compone el interés: anualmente (CA), semianualmente (CH), trimestralmente (CQ), mensualmente (CM) o diariamente (CD). Necesitamos cuentas con las tasas y los rendimientos más altos posibles, y con el intervalo de composición más breve posible. Esta lista también indica si se requiere un depósito mínimo (el cual va desde $1 hasta $10,000). También notarás que se incluyen los números de teléfono de los bancos, y en la mayoría de los casos si marcas el banco te conducen a su sitio web. Te conviene mirar si el banco está asegurado por FDIC, y también asegurarte de que la cuenta no tiene restricciones ocultas.

Cuando hayas realizado tu tarea, ya estás lo suficientemente informado como para tomar una buena decisión acerca de qué tipo de cuenta de mercado monetario es apropiada para ti. Las cuentas de mercado monetario pueden ofrecerte el mejor lugar para estacionar tu dinero a corto plazo, debido a lo conveniente que resulta tener acceso a tu cuenta mediante la firma de cheques y a la libertad que significa no tener que comprometerse a ningún período de tiempo específico.

Estos cuatro tipos de cuentas sólo deben guardar el dinero al que tú debes tener acceso en dos años. Inclusive si no estás ahorrando para una causa específica, siempre es inteligente mantener algún dinero a mano en una cuenta líquida que gana un poco de interés. Hazte la siguiente pregunta: "¿Estoy dispuesto a prescindir de este dinero durante más de dos años?" Si la respuesta es no, lo más probable es que tu dinero deba estar es uno de estos cuatro tipos de cuenta. Si te es posible no tocar el dinero durante dos a cinco años, sigue leyendo. Tu estrategia será más como la de un inversionista a término medio o a largo plazo.

El Inversionista a Término Medio y a Largo Plazo

¿Y si estás dispuesto a separarte de tu dinero por un período de dos o más años? En ese caso, vamos a hablar claro. El resto de este libro está diseñado específicamente para ti, y tú vas a darte banquete con el menú que se va a desplegar ante tus ojos.

En mi libro anterior, *Obtenga su Porción*, aprendiste no sólo cómo escoger qué acciones individuales comprar, sino también cuándo comprarlas y cuándo venderlas. Vimos las señales indicadoras que nos estaba dando el mercado y actuamos apropiadamente para llevar al máximo nuestras ganancias.

Si bien la compra de acciones individuales ofrece una tremenda oportunidad de ganancias, necesita tu total atención. El momento oportuno en que compras o vendes es tan importante como escoger las compañías correctas en las que comprar. La atmósfera del mercado en general y el comportamiento de las acciones individuales determinan si debemos estar en el mercado y cuándo debemos hacerlo. Hay momentos en que la mejor inversión en acciones es quedarnos con nuestro dinero y esperar por la oportunidad que más nos conviene. Cuando compras acciones, debes vigilar tu compañía con un ojo y con el otro la atmósfera del mercado. Tienes que estar al tanto y prestar atención a cada tosecita y cada estornudo del mercado de acciones para poder invertir con éxito en acciones individuales. Debemos coquetear con nuestras acciones, no casarnos con ellas, y cuando veamos las señales de que el amor se acabó, la solución es vender. *Sin embargo, estas reglas se aplican solamente a la compra y venta de acciones individuales*.

En este libro *no* estamos hablando acerca de invertir en acciones individuales para alcanzar nuestras metas financieras. En vez de eso, estás aprendiendo cómo poner en marcha tus planes financieros y dejar la administración diaria del dinero en manos de otra persona; ¡en eso es en lo que consisten los fondos mutuos! Luego, te recostarás y emplearás tu tiempo en las actividades que más te gustan, mientras tu dinero trabaja para conseguirte tus metas. La única tarea que tendrás que hacer es monitorear tu progreso.

—¡Apúntame en la lista!—dices—. ¿Cómo puedo hacer eso?

Pues poniendo tu dinero a trabajar para ti en los fondos mutuos, los cuales definiremos mejor en el capítulo siguiente.

De acuerdo a la Comisión de Bolsa y Valores (o SEC, del inglés *Securities and Exchange Commission*), la agencia federal que regula los mercados de valores, uno de cada tres estadounidenses invirtieron en fondos mutuos en 1999, comparados a sólo uno de cada dieciocho en 1980. ¿Por qué todo este aumento de interés en este tipo de inversión? Porque invertir en fondos mutuos permite al pequeño inversionista participar en el mercado bursátil sin tener que tomar diariamente las decisiones que son indispensables con las acciones individuales. El interés público en el mercado de las acciones ha aumentado en general durante los últimos años. Por eso es que invertir en fondos mutuos es como pasear en una limosina: ¡puedes dejarle el volante a otro mientras que tú te recuestas a descansar y disfrutas del viaje!

En el próximo capítulo voy a ayudarte a escoger la compañía de limosinas que te llevará a donde quieres ir y de acuerdo a tu propio horario. ¡Fondos mutuos, para allá vamos!

CAPÍTULO CINCO

Tu Chofer Particular

Si tuvieras varios millones de dólares para invertir, probablemente contratarías a alguien para que se montara en un avión, volara a la sede central de las compañías en las cuales estabas pensando en invertir, irrumpiera en las oficinas ejecutivas, rebuscara entre los archivos para hacer una investigación profunda e hiciera un montón de preguntas. Con esa clase de influencia, lo más seguro es que puedas reunirte con los que toman las decisiones en esas compañías; hablar con sus empleados, sus banqueros, sus acreedores y hasta con sus competidores; y salir de allí con una idea bastante precisa de si te gustaría o no comprar sus acciones.

Como el inversionista en pequeña escala que eres, de todos modos tienes la posibilidad de contar con un ejército de analistas en tu equipo. Estos analistas olerán las buenas oportunidades de inversión y contratarán a los sabelotodos que dirigirán las estrategias de compra y venta. ¿Cómo puedes, sin ser ya millonario, tener acceso a este tipo de servicio? Pues incorporándote a las filas cada vez más nutridas de quienes están invirtiendo en fondos mutuos.

Por sólo veinticinco dólares puedes reunir tu dinero con el de otros muchos inversionistas y hacer que la compañía de fondos mutuos invierta este conglomerado de dinero en tu beneficio. Tal vez no pueda adquirirse mucho con tus veinticinco dólares, pero si esos veinticinco dólares se integran a un gran montón donde hay veinticinco millones de dólares, todo ese dinero combinado puede comprar cantidades considerables de las mejores acciones empresariales y puede diversificarse hacia muchos diferentes tipos de compañías. Y sin duda que esos veinticinco millones tienen también muchísima más influencia en el mundo financiero.

Con los fondos mutuos, todos ustedes, los inversionistas, se benefician *mutuamente* del montón de dinero que comparten colectivamente. Todos tienen los beneficios de poseer excelentes acciones sin tener que pasar a diario el trabajo que conlleva investigar cada acción en particular, comprar en el momento justo y vender en el momento justo. Ustedes los inversionistas en fondos mutuos contratan a un administrador que les hace todo el trabajo. Luego hablaremos más de esos individuos, pero primero vamos a chismear un poco acerca de lo que se dice por ahí.

Lo Escuché en la Calle

Hay una frase que puede que hayas escuchado mucho últimamente: *inversión periódica de monto constante* (en inglés, *dollar-cost-averaging*.) ¿Te has estado muriendo por saber lo que realmente significa? Pues mira, la realidad es que no es ni la mitad de exótica de lo que parece. Inversión periódica de monto constante es, sencillamente, otro modo de decirles a los inversionistas que depositen dinero en sus cuentas de inversión todos los meses. Hacer una inversión periódica de monto constante con fondos mutuos no es más que colocar una cantidad fija de dinero en tu cuenta de fondos mutuos todos los meses. Si te suena simplista es, precisamente, porque lo es.

Como sabe todo inversionista experimentado, hay dos maneras de invertir. La primera consiste en cronometrar el mercado; es decir, tratar de determinar el momento exacto en que sería más beneficioso invertir y dejar de hacerlo cuando las condiciones no se presentan favorables. En *Obtenga su Porción* aprendimos que cuando compras acciones individuales es indispensable que puedas efectuar tus compras durante un período en que el mercado, en general, está en una tendencia *alcista* (o sea, que el mercado esté subiendo de valor, lo que se llama en inglés *bull market*), pero también debes ser capaz de inferir, mediante la lectura de las gráficas técnicas, cuándo tu acción individual específica te está dando señales de que ya es hora de comprar.

El segundo método de invertir es aquel por el cual depositas en tu cuenta la misma cantidad de dinero, a intervalos regulares, independientemente de cómo se esté portando el mercado en general, o tu inversión en particular. Por ejemplo, tú depositas $100 todos los meses en tu cuenta de inversión para alcanzar la meta a término medio de una cantidad total dedicada, por ejemplo, a un fondo de estudios superiores; o depositas $300 todos los meses para alcanzar una meta de retiro a largo plazo. Esto es lo que se llama inversión periódica de monto constante. Como has visto en los Capítulos Dos y Tres, cuando calculaste cuánto necesitabas ahorrar mensualmente para lograr tus metas, para que una inversión en fondos mutuos sea exitosa, esta forma metódica de depósitos regularizados se hace indispensable.

La razón por la que tú te beneficias de una inversión periódica de monto constante es que tu dinero, al llegar al fondo a un ritmo fijo, acabará por comprar más acciones cuando el precio está bajo y menos acciones cuando el precio está alto, logrando así al final un precio *promedio* para las acciones. ¿Cómo sucede esto? Hay estudios que han mostrado que el precio promedio de las acciones que consigue la inversión periódica de monto constante es, en la mayoría de los casos, más bajo que el precio promedio de las acciones que consiguen los inversionistas que tratan de cronometrar sus compras de fondos mutuos creyendo que pueden anticipar el momento perfecto y preciso para comprar. ¡Tal vez, después de todo, los administradores de fondos sí saben lo que están haciendo!

La inversión periódica de monto constante es un método fácil de entender que te permite actuar inteligentemente. Es bueno saber que haciendo algo por pura rutina estás tomando realmente la decisión más inteligente, dejando la vigilancia constante de los fondos mutuos a esos niñeros que son quienes saben cuidarlos de verdad. ¿Cómo es eso? ¿Los fondos mutuos tienen niñeros?

Administradores de Fondos Mutuos: los Niñeros Perfectos

Cada fondo mutuo tiene un administrador o grupo de administradores cuyo trabajo es cuidar tu dinero como si fuera un niñero. Ellos usan el conglomerado de dinero que tiene el fondo para comprar y vender a tu nombre acciones, bonos o una combinación de ambos. Estos administradores tienen la responsabilidad de conocer al dedillo las compañías que compran, viajan a menudo a la sede de las compañías para examinar las cosas en persona y hablan con clientes, banqueros . . . en fin, hacen todo lo que haya que hacer. También hay analistas que son contratados para ayudar a los administradores de fondos a estudiar las tendencias del mercado y evaluar prometedores nuevos productos y servicios que pueden afectar el valor de las propiedades de los fondos mutuos. Ellos toman su trabajo muy en serio. De sus decisiones depende una gran cantidad de dinero.

Los administradores de un fondo por lo general se reúnen todos los días para decidir cómo ajustar sus propiedades con el propósito de sostener o incrementar sus ganancias y mantener contentos a sus accionistas. Y así como los padres se sienten más felices cuando sus bebés están bien cuidados, los accionistas se sienten más felices cuando están ganando dinero.

Es un Asunto de Familia

Los fondos mutuos vienen en *familias*. Puede que hayas oído mencionar a Franklin Mutual Funds, a Vanguard, a Fidelity, a Oppenheimer: todas estas son familias de fondos. Estas familias de fondos quizás tengan uno o muchos hijos, llamados *fondos individuales*.

Por ejemplo, la familia de fondos mutuos Vanguard tiene más de cincuenta fondos mutuos individuales bajo su nombre, cada uno de los cuales tiene características particulares. Algunos de estos hijos son fondos muy agresivos que invierten en compañías más nuevas que tal vez se basan en tecnologías sumamente innovadoras. Algunos son pasivos y se concentran en compañías sólidamente establecidas que han mostrado un crecimiento lento y firme a lo largo de los años. Y algunos están en el medio, con una combinación de características de las dos opciones anteriores.

¿Y Cómo Funciona?

Cuando compras acciones de un fondo mutuo, estás comprando acciones en el fondo mismo y, a su vez, ese fondo compra y vende acciones, bonos o una combinación de ambos, con tu dinero. El valor de las acciones que posees subirá o bajará según el valor de cada una de las acciones o de los bonos individuales que el fondo posee.

Después que cierra el mercado, tu compañía de fondos mutuos suma el precio de cierre de todos los valores bursátiles (o *securities* en inglés, un nombre elegante para acciones, bonos y otras inversiones) que ella posee y divide su valor total entre el número de acciones que ha emitido a inversionistas como nosotros. El resultado final se llama NAV (del inglés *Net Asset Value*) o "valor neto del activo" de ese fondo. Para acordarte de qué es el NAV, escribe esta definición en tu libreta de notas: *NAV = precio de cierre total de todas las acciones y bonos en el fondo ÷ las acciones emitidas a los inversionistas.*

Este número, el NAV, está a nuestra disposición todos los días en la sección de negocios de nuestro periódico, en la Internet, o si llamas directamente a la compañía de fondos mutuos. Las acciones de fondos mutuos, a diferencia de los precios de las acciones de la bolsa, se calculan sólo una vez al día, a la hora del cierre. La hora del cierre del mercado es a las 4:00 P.M., horario del este, que es cuando la bolsa cierra sus puertas. Es en ese momento cuando se calculan los precios de las acciones de los fondos mutuos.

Nunca vas a saber con exactitud cuánto dinero pagarás por una acción, ya que la compañía de fondos mutuos debe recibir primero tu dinero. Cuando se reciba tu cheque, comprarás al precio que tendrá la acción en el próximo cierre.

Por ejemplo, si un fondo recibe tu dinero la mañana del martes, comprarás de acuerdo al precio de la acción en la tarde de ese martes, cuando cierre el mercado. Si quieres vender tus acciones, digamos, el viernes próximo, tu solicitud de venta será procesada por la compañía de fondos mutuos según el precio que tenga en el momento del cierre ese viernes. Venderás tus acciones de acuerdo al NAV de ese viernes.

Algunos fondos también agregan costos al precio de cada acción. Esta es una de las formas en que la compañía gana dinero para pagarles a sus administradores y costear otros gastos en los que puede incurrir. Hablaremos de estos costos de venta o *recargos (loads)* en el Capítulo Siete.

Cada vez que compras o vendes acciones de un fondo mutuo, recibirás una confirmación de tu transacción, la cual indica la cantidad que depositaste, el precio por acción que pagaste y el número de acciones que adquiriste. Apunta en tu libreta de notas cuántas acciones posees, ya que puedes saber en cualquier momento cuánto dinero vale tu cuenta si multiplicas el precio NAV del fondo que aparecer publicado en el periódico, por el número de acciones que tienes en el fondo.

Exactamente, ¿Cómo Gano Dinero en los Fondos Mutos?

Aunque estás leyendo este libro, sé que no lo haces para perder el tiempo ni para pensar en las musarañas junto a mí. Lo que realmente deseas saber es cómo puedes beneficiarte tú de todo esto. ¿Cómo ganas dinero o logras ganancias en un fondo mutuo? Hay tres maneras de hacerlo:

1. *Recibiendo dividendos (o interés).* Puede que hayas escogido una compañía de fondos mutuos que paga dividendos. Cuando ese fondo mutuo recibe los dividendos de sus propiedades, debe transferir estos dividendos a sus accionistas. Tal vez tú quieras recibir estos dividendos en forma de cheque, o tal vez ordenes al fondo que compre más acciones con los pagos de dividendos que te corresponden, agregándolas a tu cuenta. A pesar de que se te ofrece esta opción cuando solicitas una cuenta de fondos mutuos, puedes cambiar de parecer e informar al fondo acerca de tu decisión en cualquier momento. Debido al interés compuesto, tu cuenta crecerá más rápidamente si reinviertes los dividendos en tu fondo.

2. *Recibiendo ganancias del capital.* El administrador del fondo mutuo comprará y venderá acciones y bonos con la esperanza de obtener ganancias. Independientemente de si la venta da ganancias o pérdidas, ellos deben transferirte esas ganancias o pérdidas a ti, el accionista. Puede que decidas recibir ganancias del capital (es decir, ganancias en dinero) cuando el fondo las distribuya, o escoger comprar más acciones con las ganancias del capital que te han sido distribuidas. Así como con los pagos de dividendos, puedes cambiar en cualquier momento la forma en que deseas recibir tus ganancias de capital. Reinvertir tus ganancias de capital es una buena manera de añadir combustible a tu cuenta sin tener que desprenderte del dinero de tu bolsillo para comprar más acciones.

3. *Vendiendo tus acciones cuando sube el precio de las acciones.* Puedes vender algunas o todas las acciones que posees en un fondo. Venderás según el precio NAV que tiene el fondo después de que ellos hayan recibido tu solicitud de venta. En muchos casos puedes darle la orden al fondo por teléfono, o puedes enviarles una petición por escrito. Por ley, la compañía de fondos mutuos tiene que enviarte un cheque en los siete días que siguen a la fecha de la venta. Quizás quieras *redimir* (vender) una cantidad específica de acciones, o tal vez no sepas cuántas acciones quieres vender, pero sí deseas obtener una cantidad específica de dinero. Los fondos mutuos aceptan cualquiera de esos dos tipos de peticiones. Ellos producirán y te enviarán un informe donde dice el número de acciones vendidas, la cantidad de dinero que te enviaron y el total de acciones que quedan en tu cuenta.

¿Dónde Puedo Comprar Acciones de un Fondo Mutuo?

Comprar acciones de un fondo mutuo es más fácil que obtener una tarjeta de crédito. ¡De verdad! La compañía de fondos mutuos te dará una copia de su prospecto (un documento muy importante que te dice en detalle todo acerca de la compañía), su más reciente informe anual (donde te muestran los últimos resultados de inversiones del fondo) y una solicitud para abrir una cuenta.

Puedes abrir una cuenta de fondo mutuo si llamas directamente a la compañía a su número de teléfono gratis, si lo haces a través de un agente de la bolsa o un planificador financiero, o si te sirves de la Internet. Hasta los bancos pueden vender fondos mutuos. Pero yo no te recomiendo que le compres fondos mutuos a un banco. Por lo general los bancos tienen un acuerdo con una o dos compañías de fondos mutuos y tus opciones de inversiones estarán limitadas a lo que el banco tenga. ¿No te gustaría más tener acceso a todo el universo de fondos que sólo a un número limitado de alternativas? Cómprale fondos mutuos directamente a los fondos mismos o hazlo a través de tu asesor financiero personal.

Si te gusta teclear en la computadora, baja de la Internet e imprime el prospecto de ese fondo específico y la planilla de solicitud. Entonces todo lo que necesitas es firmar un cheque pagadero al fondo y enviarlo por correo. Sea cual sea la forma en que decidas abrir tu cuenta, debes esperar por una confirmación proveniente del fondo mutuo para averiguar cuántas acciones posees y el precio que pagaste por cada una.

Un Administrador que Vela por Ti

Ahora que ya sabes un poquito de los pormenores de los fondos mutuos, comencemos a platicar acerca de algunos de sus detalles más importantes. La mayoría de los fondos mutuos son vigilados cuidadosamente por administradores que compran y venden a tu nombre con el objetivo de lograr ganancias y transferírtelas a ti después. Estos fondos, que se llaman *fondos administrados*, son administrados a diario por quienes toman las decisiones respecto al fondo, quienes están siempre en movimiento, vendiendo y comprando acciones o bonos a tu nombre.

Hay cuatro tipos principales de fondos mutuos administrados:

1. *Fondos mutuos de inversión en el mercado monetario (o money market mutual funds)*. Este tipo de fondo mutuo tiene un riesgo comparativamente bajo si se le compara con otros fondos mutuos. Este tipo de fondos está limitado por ley a invertir en inversiones de gran calidad y a corto plazo. Los fondos mutuos de inversión en el mercado monetario se usan sobre todo como un lugar en el que mantener dinero durante un período de tiempo relativamente corto. Ya en el Capítulo Cuatro tratamos acerca de los fondos mutuos de inversión en el mercado monetario.

2. *Fondos de bonos (o bond funds,* llamados también "fondos de ingreso fijo")*.* Cuando una compañía de fondos mutuos invierte en un bono, está prestando dinero a un organismo del gobierno o a una corporación y, mientras tanto, está recibiendo pagos de interés. La fecha de vencimiento del préstamo y la clasificación del crédito de la compañía a la cual el fondo le ha prestado su dinero puede variar, y con ello también varía el riesgo potencial que asume el inversionista. Hablaremos en detalles de los fondos de bonos en el Capítulo Diez.

3. *Fondos de acciones (o stock funds,* llamados también "fondos de capital")*.* Estos son fondos que son invertidos en acciones de corporaciones de capital. Su suerte está ligada directamente a la de la compañía en la cual están invertidos. Una compañía de fondos mutuos invierte en las acciones de una compañía con la esperanza de vender esas acciones en algún momento en el futuro a un precio más alto que el que pagó por ellas. No todos los fondos de acciones son iguales. Dentro de esta categoría un fondo mutuo puede concentrarse en compañías pequeñas, medianas o grandes; puede invertir en acciones de un sector en particular, como la tecnología, por ejemplo; o puede comprar acciones de compañías muy estables.

4. *Fondos híbridos* (o *hybrid funds*). Este tipo de fondo mutuo compra una combinación de acciones y bonos.

En los próximos capítulos trataremos los fondos mutuos de acciones, de los de bonos y de los híbridos.

Avanza en Piloto Automático con los Fondos Indizados: los Fondos Mutuos *sin* Administradores Activos

No todos los fondos mutuos tienen administradores activos que los vigilan. También tienes a tu disposición algunas opciones que ponen tus inversiones en piloto automático y sin parada. Estos fondos funcionan de manera diferente que los fondos administrados, ya que invierten en las acciones o bonos que conforman los índices del mercado y luego se sientan tranquilamente a esperar las ganancias. (Recuerda que explicamos los índices en la página 49.)

Estos fondos mutuos sin administradores que se basan en índices se llaman, lo adivinaste, *fondos indizados (index funds)*. Estos tipos de fondos son perfectos para aquellos de ustedes que están buscando una manera de poner a funcionar el piloto automático del fondo, pero que no se han leído el resto de este libro.

Probablemente el fondo indizado más popular es el Vanguard Index 500. Este fondo mutuo indizado, como lo implica su nombre, compra las 500 acciones que conforman el Standard & Poor's 500 Index. Luego, igual que el mecánico de las lavadoras Maytag de los anuncios de la televisión, tu dinero permanece sentado en esa inversión y espera. No hay administradores, así que no hay compra y venta. El dinero, sencillamente, está allí esperando a aumentar.

La única ocasión en que un fondo indizado vende y compra nuevos valores es cuando el index mismo hace un cambio en uno de sus miem-

bros. Por ejemplo, dos compañías que son parte de índex pueden fusio-
narse, lo que dejaría un lugar vacante. Se trae una nueva compañía para
que llene ese espacio, y cualquier compañía de fondos mutuos que tiene
un fondo indizado basado en ese índice debe hacer también ese arreglo
mediante la sustitución de una compañía con la otra en sus propiedades.

La ventaja principal de un fondo indizado es que los costos relativos a
su administración son bajos. Como hay muy poca actividad en las propiedades del fondo, los costos del fondo son reducidos y, por tanto, los ahorros son transferidos a los inversionistas del fondo. Puedes seguir el
rastro de cómo se está comportando tu fondo indizado si sigues el rastro
del índex mismo, sin tener que depender de los informes de tus fondos
mutuos, o ni siquiera de tus estados de cuenta trimestrales. Además, los
fondos indizados producen menos impuestos sobre las ganancias del capital, ya que hay menos actividad de compra y venta.

La mayor desventaja de un fondo indizado es que lo más que puedes
esperar es tener tantas ganancias como el índex que tu fondo representa-
ta . . . y hay muchas propiedades allí adentro. Cuando el índex baja, tu
fondo baja, y no hay allí un hábil administrador que te proteja al mantener en efectivo una mayor parte del dinero que está en el fondo, o al
comprar y vender para mantener arriba las ganancias.

Los fondos del S&P 500 Index han disfrutado de una enorme popularidad. Al invertir en este tipo de fondo mutuo, estás distribuyendo tu dinero entre las acciones que se consideran representativas del mercado en
general. Hay estudios que también han mostrado que, normalmente, la
mayoría de los fondos administrados no se han desempeñado mejor que el
S&P 500 Index. Esta aburrida inversión es una de las opciones más populares entre los inversionistas en fondos mutuos. Si quisieras invertir en un
fondo de acción y estás dispuesto a dedicar tiempo y esfuerzo a buscar uno
que tenga un récord mejor que los fondos del S&P 500 Index, tu empeño
será recompensado. Aunque si, por el contrario, deseas entrar en el mercado bursátil, pero no quieres intentar obtener ganancias superiores al promedio, entonces este fondo mutuo sin mucha ciencia es el perfecto para ti.

Nace una Estrella

Si los fondos del S&P 500 Index eran la comidilla del pueblo en los últimos años, el año 2000 vio el surgimiento de una nueva raza de opciones

de inversión: los *Exchange-Traded Funds* (o "fondos comerciales cambiarios"), basados en el índex y conocidos en el mundo de las inversiones como ETF.

Un ETF es un fondo mutuo que se compra y se vende como si fuera una sola acción. Se trata de un conglomerado de acciones que reflejan la composición de un índex, igual que los fondos indizados, pero con la única diferencia de que, mientras un fondo mutuo normal determina su precio NAV (Valor Neto del Activo) al final del día, un ETF se compra y vende en tiempo real, igual que una acción individual, de manera que su precio de acción cambia a lo largo del día.

El beneficio de usar un ETF es que tú, como inversionista, puedes disfrutar al mismo tiempo de la flexibilidad de una acción y de la diversificación de un fondo indizado. Los gastos de un ETF son incluso más reducidos que los de un fondo indizado.

Sin embargo, como inversionista en ETF incurres en ciertos gastos que sólo son típicos de esta clase de inversión. Como se compran y se venden a través de un agente, como si fueran acciones, cada vez que un inversionista hace una compra le paga una comisión a su agente (ocho dólares o más, según el agente.)

Puede que también, camino de tu trabajo, hayas oído a alguien hablar de *spiders* (arañas, en español). No están discutiendo un problema de insectos. Un SPDR (que tiene casi las mismas letras de *spiders* y que significa *Standard & Poor's Depository Receipts*, es decir "recibos de depósito de Standard & Poor") es el primer ETF con base en Estados Unidos que se creó en 1993. Este invierte en las acciones que conforman el S&P 500 Index.

Actualmente los ETF se están comprando y vendiendo en la Bolsa de Valores de Estados Unidos, aunque la Bolsa de Valores de Nueva York planea presentar estas inversiones en un futuro próximo. Las acciones pueden comprarse de la misma manera que comprarías una acción individual: a través de la mayoría de los agentes de corretaje.

La popularidad de los ETF ha ganado para ellos un lugar en Morningstar.com, donde puedes encontrar información adicional acerca de este tipo de inversión. Morningstar, Inc. es una compañía que sirve como autoridad informativa independiente sobre fondos mutuos, muy parecido a lo que hace *Consumer Report* (Informe al Consumidor) con los productos de consumo masivo. Lipper, Inc. es otra compañía de informes sumamente respetada. Las dos puedes verlas en la Internet. Mientras la popularidad de los ETF sigue creciendo, probablemente oirás mucho más acerca de ellos en los años venideros. Sin embargo, aunque esta inversión se parece a un fondo indizado en el sentido de que posee un conglomerado de acciones que conforman un índex, los ETF tienen otras peculiaridades que afectan el precio de sus acciones.

Yo considero los ETF como un término medio entre los fondos mutuos y las acciones individuales, por lo que si eres un novato en las inversiones en general, deja esta opción a un lado hasta que sientas que puedes manejar el proceso de escoger un fondo mutuo de calidad.

Fondos Mutuos Abiertos y de Capital Limitado

Ya sé que estás listo para dar el gran salto e invertir ahora que ya sabes acerca de algunos de los tipos de fondos mutuos. Pero todavía queda un poquito más que explicar antes de poder hacer eso. Todos los tipos de fondos mutuos sobre los que aprendiste caen en una de dos categorías: fondos abiertos *(open-end)* o fondos de capital limitado *(closed-end)*. Un fondo mutuo abierto es aquel que siempre acepta dinero de nuevos inversionistas.

Cuando inviertes en un fondo mutuo abierto, lo haces con el conocimiento de que en cualquier momento en que desees vender tus acciones y obtener dinero en efectivo, la compañía misma te los comprará de vuelta al precio que tenga cada acción en ese momento. En otras palabras, un fondo mutuo abierto acepta devoluciones (pero recuerda que obtendrás una cantidad de dinero que refleja el nuevo precio de la acción, no el precio que tú pagaste por ella cuando la compraste).

Un fondo de capital limitado actúa más como un bono que como un fondo mutuo tradicional. Si quieres vender acciones de fondo mutuo de capital limitado, no puedes hacerlo con la compañía de fondos mutuos. Ellos no te devuelven dinero. En vez de eso, para vender y obtener dinero en efectivo, tienes que encontrar otro inversionista que esté dispuesto a comprarte tus acciones al precio que tienen en ese momento.

En un fondo abierto los inversionistas pueden poner y sacar dinero del fondo. En un fondo de capital limitado los inversionistas compran y venden las acciones del fondo a otros inversionistas que están en el mercado bursátil.

Vamos a concentrarnos en los fondos abiertos, ya que una de cada tres familias en Estados Unidos posee un fondo mutuo abierto.

Bueno, y en Resumidas Cuentas . . . ¿qué?

Qué bien, te estás familiarizando cada vez más con este mundo de los fondos mutuos y estás listo para montarte en esa limosina y salir andando. Pero no vayas tan rápido. ¡Caramba! ¿Es que no lo sabes? Todas las cajitas lindas vienen con una etiqueta de advertencia, y aquí está la nuestra. Cuando ya hayas hecho toda la investigación en la Internet o en la biblioteca acerca de un fondo, ¿cómo puedes estar seguro de que lo que has leído acerca del fondo es correcto?

Ante todo, debes saber que el mundo de los fondos mutuos está regulado por el gobierno, gracias a los cambios que han tenido lugar después del crac del mercado en 1929, cuando tantos inversionistas individuales perdieron su dinero en fondos de capital limitado.

La Comisión de Bolsa y Valores de Estados Unidos (SEC) es la organización federal que protege al inversionista individual al regularizar la divulgación por parte de las compañías de fondos mutuos de información importante que nosotros, los inversionistas, necesitamos conocer para poder tomar decisiones inteligentes en lo que se refiere a seleccionar una compañía de fondos mutuos.

Como parte de las exigencias de la SEC, cada compañía de fondos mutuos debe publicar y guiarse por un documento que mencioné anteriormente llamado *prospecto*, el cual describe—en lenguaje desprovisto de adjetivos que podrían ser interpretados como instrumentos de venta—las características principales de cada uno de sus fondos. El prospecto (un documento al que muchos de mis clientes se han referido como "esa cosa escrita en griego") debe presentarse al inversionista antes de que se le venda cualquier fondo mutuo. En él encontrarás la meta del fondo, sus costos y gastos, sus estrategias de inversión, los riesgos del fondo y la inversión mínima requerida, y también cómo comprar y vender sus acciones. Todas las compañías de fondos mutuos tienen que archivar sus prospectos en la SEC. Si bien hablaremos más acerca sobre estos prospectos más adelante y sobre la información que buscarás en ellos, puedes ver estos prospectos, para casi cualquier fondo mutuo dado, en www.sec. gov/edgar/searchedgar/prospectus.htm.

La SEC no da ninguna garantía respecto a la ganancia que podrías recibir a partir de cualquier inversión. Todo lo que preocupa a esa organización es que cada compañía de fondo mutuo divulgue la misma información a cualquier persona interesada en invertir en cualquiera de sus fondos. *Ningún dinero que inviertas en una compañía de fondos mutuos está garantizado ni asegurado por ninguna organización pública ni privada.* Este es un factor muy importante que hay que tener en cuenta, sobre todo por parte de aquellos entre ustedes que invierten en fondos mutuos por medio de sus bancos locales. *Los fondos mutuos que le compras a tu banco no están asegurados. El valor de tu cuenta, incluido el dinero que depositaste, puede subir o bajar.*

Dicho esto, una de las razones por las que los fondos mutuos son tan populares es que la SEC también ordena que los fondos mutuos inviertan en numerosos valores bursátiles para minimizar el riesgo. Cuando un valor cae, es muy probable que otro valor de ese fondo esté ganando dinero, y ambos se equilibran mutuamente. Hay una menor posibilidad de que todas las inversiones en un fondo mutuo se caigan al mismo tiempo.

Basta de Chachareo, ¡Que Empiece la Función!

Ahora que ya tienes una idea de cómo funcionan los fondos mutuos, el próximo paso es aprender a escoger un fondo mutuo que te acercará a tus metas financieras.

Nos concentraremos en aquellos fondos mutuos que ya han demostrado ser muy provechosos de manera *consistente*. Hay muchísimos otros tipos de fondos mutuos de los que puedes haber oído hablar. En realidad, hay una multitud de fondos que llenan las páginas financieras de los periódicos. Muchos de ellos ofrecen ganancias a corto plazo, pero que no son consistentes ni estables. Para tus necesidades a largo plazo, vamos a quedarnos con aquellos que han demostrado ser buenos de verdad. Lo que tú quieres es una ganancia estable, no fuegos artificiales.

Como decía mi abuelita cubana cuando hablaba acerca de futuros esposos: quizás te guste una pizca de salsa picante en el bisté, pero jamás pensarías en hacer todo un menú sólo de salsa picante. Vamos a concentrarnos en una cena de fondos mutuos bien balanceada, con la mezcla justa de proteínas, carbohidratos y grasas para hacer que tu organismo siga funcionando saludablemente. Cuando se trata de nuestro futuro financiero, no estamos interesados en comida de mala calidad.

En el próximo capítulo, te mostraré cómo encontrar un fondo mutuo que satisfaga tu hambre de éxito.

CAPÍTULO SEIS

Apunta Hacia el Fondo Mutuo que Resulta Mejor para Ti

El 20 de septiembre de 1998, Cal Ripken jugó su juego consecutivo número 2,632, la serie continua más larga de juegos en la historia del béisbol. ¿Cómo se convirtió en una leyenda este pelotero? Jugando bien, consistentemente, con el paso del tiempo. Los fondos mutuos también pueden convertirse en legendarios en el mundo financiero al producir sólidas ganancias con el paso del tiempo.

Pero aunque los fondos mutuos pueden tener un gran rendimiento, no son apropiados para todo el mundo. No están asegurados, así que, a diferencia de las cuentas de ahorro de un banco, puedes perder tu dinero. No son para inversionistas a plazos cortos de dos o menos años, porque pueden ser muy inestables. Por tanto, si seguiste los pasos que expliqué en los capítulos anteriores, en los cuales proyectamos tus metas futuras, y viste que una ganancia de un 4 por ciento o un 5 por ciento sobre tu dinero sería suficiente para llevarte a donde quieres llegar, no hay necesidad de que busques otros medios. Mantén tu dinero en una cuenta de ahorro, un CD, un T-bill o una cuenta de mercado monetario (*money market*) o en un fondo mutuo de inversión en el mercado monetario (*money market mutual fund*). Puedes encontrar información acerca de las mejores tasas de interés que existen para esas cuatro opciones si vas a www. bankrate.com.

Pero si tu meta de inversión exige una ganancia mayor a partir de tu dinero que la que ofrecen las inversiones "seguras" que acabo de mencionar, entonces necesitas familiarizarte en este capítulo con algunas herramientas que te ayudarán a distinguir los jugadores estrellas de los novatos y a concentrarte en aquellos fondos que pueden llevarte a donde quieres ir de la manera más rápida y segura posible.

Lo mejor de todo es que llegarás a usar un sistema fácil de entender para escoger el fondo que resulta mejor *para ti*. Y lo que hace que un fondo sea mejor para ti es que el administrador del fondo invierte el dinero que le has confiado a él o ella de la misma forma en que tú lo habrías hecho, dentro de los parámetros de tus metas financieras, si tú hubieras tenido el mismo tiempo, conocimiento y experiencia.

—Fantástico, maravilloso, fabuloso—dices—. Pero ¿cómo diablos se supone que yo seleccione entre los **más** de 12,300 fondos mutuos que hay en el mercado?

Tienes razón: ¿cómo descubres cuáles son los jugadores estrellas en el mundo de los fondos mutuos? De la misma manera en que el entrenador de un equipo de deportes escoge a cuáles jugadores hay que ofrecerles estos contratos millonarios: te repito, *observando cómo se ha desempeñado el jugador, consistentemente, con el paso del tiempo.*

—Está bien—dices—. Hasta ahora he estado prestando atención. Ahora sé cuáles son mis metas financieras, y sé que necesito ganarle a mi dinero más de un 4 por ciento o un 5 por ciento. También sé que no quiero hacer de niñera de cada fondo que yo seleccione, de modo que voy a dejar que un administrador de fondos mutuos haga eso en mi nombre con un fondo que, consistentemente, ha tenido un buen rendimiento a lo largo del tiempo. Pero, ¿cómo debo interpretar *qué es lo que es* exactamente un rendimiento consistente?

De eso se trata precisamente este capítulo. Voy a guiarte a través del proceso de escoger el fondo mutuo que resulte apropiado *para ti*. Después vamos a averiguar, juntos, cómo es que luce exactamente un rendimiento de manera consistente.

Y para hacer todo eso, primeramente vamos a usar el proceso de eliminación. La primera parte de mi sistema conlleva el uso de este práctico blanco o diana para organizar los criterios que usaremos para tomar la decisión. He aquí el blanco (puedes imprimirlo si lo buscas en www. JulieStav.com).

Y para llenar los anillos de este blanco, vamos a usar la historia de Tía Hortensia para ilustrar el proceso.

El Centro del Blanco para Tía Hortensia

Los que vivimos la vida al máximo estamos constantemente poniéndonos nuevas metas. El día que cumplió setenta y tres años, Tía Hortensia les comunicó a sus amigos, que llenaban toda la sala, que su nuevo sueño era, antes de cumplir los ochenta años, embarcarse en un crucero en el buque *Queen Elizabeth* ¡junto a un cierto caballero jubilado, amigo de ella! Así pues, con una desbordante energía, nuestra emprendedora mujer fatal se preparó para hacer sus planes.

Para hacer esto bien hecho, Tía Hortensia calculó que en los próximos siete años necesita reunir $15,000. Ella ha oído hablar de las ganancias promedio del mercado de acciones y se imagina que podría, sin problemas, ponerse una meta de obtener un 10 por ciento de ganancias sobre su dinero. Mediante el uso de nuestra gráfica de los cinco pasos, ella calcula que necesita ahorrar $123 todos los meses para alcanzar su objetivo.

Entonces Tía Hortensia se dispone a escoger el fondo mutuo perfecto para ella.

En Sus Marcas . . . para el Criterio #1: ¿Crecimiento o Ingreso?

Existen 12,300 fondos mutuos en el mercado, y todos quisieran tener acceso a ese dinero que tanto trabajo te ha costado ganar. Entonces, ¿cómo comienzas a eliminar algunos de ellos? Ante todo necesitas examinar tres criterios pertinentes a todos los fondos y, luego, aplicar esos criterios a tus metas financieras.

Al mirar a este primer criterio, el anillo exterior de nuestro blanco, la pregunta que necesitamos hacernos es si estamos invirtiendo para lograr *crecimiento*—es decir, si queremos acumular dinero para usarlo en algún momento en el futuro—o *ingreso*, que significa que queremos que nuestra inversión genere dinero de inmediato.

Los administradores de fondos se refieren a este primer criterio (crecimiento o ingreso) como el *objetivo* del fondo. El objetivo de un fondo es uno de los factores más importantes a considerar cuando se selecciona una inversión, ya que ese administrador o grupo de administradores deben mantenerse fieles al objetivo de la inversión con el cual se han comprometido. Si se han comprometido con que sea un fondo de crecimiento, entonces deben tomar decisiones que hagan posible el crecimiento. La SEC, que supervisa todos los fondos mutuos, exige que cada fondo incluya su objetivo en el prospecto del fondo.

Crecimiento significa acciones. Si el administrador del fondo invierte en acciones, espera *convertir en dinero esas acciones en el futuro, a un precio más alto*. Otras palabras con las que se describe un objetivo de crecimiento son "capital social neto" (*equity*) o "plusvalía" (*capital appreciation*). Cuando veas estos términos, eso te dice que estos fondos mutuos están confiando en el valor futuro de sus cuentas y no están interesados en suministrar en este momento ningún ingreso a partir de sus inversiones.

Un fondo también puede invertir para lograr ingreso. *Ingreso significa dinero ahora, no en el futuro.* Estos son fondos que pueden invertir en bonos (ya que los bonos pagan interés) o en acciones de compañías que pagan *dividendos* (una porción de sus ganancias que la compañía paga a sus accionistas).

Dicho en otras palabras: el objetivo de un fondo te dirá si el propósito de un fondo mutuo es invertir para *crecimiento* o para *ingreso*.

En capítulos subsiguientes te mostraré cómo, a través de la Internet, puedes hallar y evaluar fondos agrupados de acuerdo a su objetivo. Pero si tú ya has llevado a cabo tu tarea de eliminación y quieres examinar a través de la Internet el objetivo de un fondo específico, ve a <u>www.sec.</u>

gov/edgar/searchedgar/prospectus.htm y encontrarás el prospecto de tu fondo.[1]

—¿Cómo luce un objetivo de crecimiento o de ingreso cuando aparece en un prospecto?—te preguntarás. Estas citas están sacadas directamente de varios prospectos de fondos mutuos:

". . . El fondo busca ofrecer crecimiento de capital a largo plazo . . ." (fondo de crecimiento).

". . . El fondo busca ofrecer el máximo de ingreso de dividendos . . ." (fondo de ingreso).

". . . El fondo busca ofrecer crecimiento de capital a largo plazo e ingreso . . ." (fondo de crecimiento y de ingreso).

". . . El fondo busca ofrecer un nivel de ingreso elevado y sostenido junto con un moderado crecimiento de capital a largo plazo . . ." (fondo de crecimiento e ingreso).

Tu próxima pregunta podría ser: "¿Cómo se desempeñan en general los fondos que tienen diferentes objetivos?" Mira la siguiente gráfica donde se muestra el crecimiento anual promedio de fondos mutuos que tienen diferentes objetivos. Los fondos de bonos del gobierno y los fondos de bonos corporativos son fondos de ingreso.

Como puedes ver, los fondos con objetivos de *crecimiento* tuvieron una ganancial anual promedio de un 13.97 por ciento. Los fondos de *Crecimiento e Ingreso*—aquellos que invirtieron en acciones que pagaron dividendos— mostraron una ganancia de un 12.07 por ciento, y los fondos del gobierno y de bonos corporativos iban a la retaguardia con un 6.99 por ciento y un 7.50 por cientos respectivamente. Todos superaron la ganancia anual promedio de un 5.67 por ciento que tuvo una letra de cambio de la Tesorería (T-bill) de noventa días durante el período de tiempo ilustrado. Eso significa que, en el mercado de hoy día, los fondos

[1]Para hallar un prospecto en el sitio web de la SEC, entra al enlace indicado más arriba y llegarás a la página de información. En el primer cuadro que se abre, teclea el nombre del fondo. (Sugerencia: No escribas el nombre completo, sólo la primera palabra.) En la cajita que está junto a "What date range?" (¿En qué fecha?) escoge "Entire Database since 1/1/94" (Toda la base de datos desde 1/1/94). Luego marca "Submit choices" (Envíe las selecciones). Escoge la fecha más reciente que está junto al nombre de tu fondo y marca ese enlace. Pero no te asustes. Cada prospecto de fondo de la SEC luce así en la Internet, así que todo lo que tienes que hacer es ir corriendo la pantalla hacia arriba hasta que encuentres, en mayúsculas: FUND OBJECTIVE (Objetivo del fondo). ¡Ahí ya lo tienes!

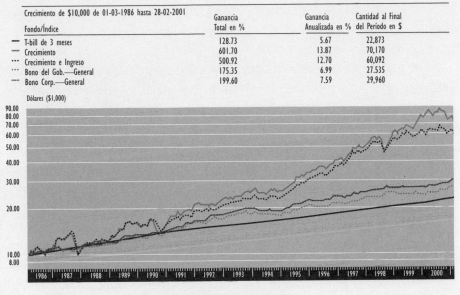

Crecimiento de $10,000 de 01-03-1986 hasta 28-02-2001 Fondo/Índice	Ganancia Total en %	Ganancia Anualizada en %	Cantidad al Final del Período en $
— T-bill de 3 meses	128.73	5.67	22,873
— Crecimiento	601.70	13.87	70,170
••• Crecimiento e Ingreso	500.92	12.70	60,092
••• Bono del Gob.—General	175.35	6.99	27.535
— Bono Corp.—General	199.60	7.59	29,960

Fuente: Morningstar®Principia®Pro

con un objetivo de crecimiento por lo general producen las ganancias más elevadas.

Tía Hortensia, sabiendo que le quedan siete años para alcanzar la meta de tiempo que se ha propuesto, siente que lo lógico sería apuntar alto, por lo que decide invertir en fondos de crecimiento. Después de todo, a ella no le hace falta ahora el dinero; lo va a necesitar cuando dé su viaje de aquí a siete años. Tía Hortensia apunta a su blanco y llena el círculo del objetivo con la palabra *crecimiento*.

¿Cuál es tu objetivo? Debería serte fácil contestar esta pregunta. *Todo depende de cuánto tiempo falta de aquí a que tengas que empezar a gastar el dinero que has invertido.*

Si tu meta es comprar un auto nuevo de aquí a dos años, olvídate de objetivos; eres un inversionista a corto plazo y necesitas poner tu dinero en uno de los sitios seguros que discutimos en el Capítulo Cuatro.

Si estás ahorrando para un lograr fondo de estudios superiores de aquí a quince años (una meta de medio a largo plazo, según las edades de tus hijos), no necesitas recibir de allí ninguna ganancia en este momento, por lo que tu objetivo es crecimiento; sigue leyendo.

Si tienes treinta y cinco años de edad y estás alimentando tu cuenta de retiro para tener reservas futuras, tu objetivo también es de crecimiento; sigue leyendo un poco más.

Si te acabas de ganar la lotería, no quieres seguir trabajando y deseas vivir de los intereses que acumulará tu premio, tu objetivo es obtener ahora un poco de ingreso, lo cual discutiremos un poco mejor en el Capítulo Diez.

Si quieres liquidar la deuda de tu tarjeta de crédito de aquí a tres, cuatro o cinco años, tu objetivo es mixto, así que sigue leyendo, pero no tomes decisiones hasta que leas el Capítulo Diez.

Sea cual sea tu objetivo, defínelo y llena el círculo exterior de tu blanco.[2]

Como el objetivo de Tía Hortensia la convierte en una inversionista de crecimiento, ella ha eliminado todos los fondos que no son fondos de crecimiento. Al ir acercándose a su meta dentro de cuatro o cinco años, puede cambiar para fondos de ingreso. Pero por ahora, como ella está al principio de su viaje financiero, su enfoque se concentra en hacer que su inversión crezca, no en producir ingreso para el presente. Acabamos de eliminar 4,000 fondos . . . ¡y nos quedan todavía 8,300!

---

[2]Si todavía no estás seguro de cuál es tu objetivo, marca esta página y salta adelante hasta la gráfica en el Capítulo Once, en la página 182, en la sección titulada "Cómo Llenar tus Gavetas de Inversión." Allí verás cómo repartir tu dinero si estás a cinco años de tu meta. ¡Entonces regresa y sigue leyendo!

Listos . . . para el Criterio #2: ¿Pequeñas, Medianas o Grandes?

Un administrador de fondos tiene la opción de invertir en compañías pequeñas, medianas o grandes. Pero, ¿cómo mides el tamaño de una compañía? ¿Por sus pies cuadrados? No, por su capitalización, el próximo anillo en el blanco. Vamos a ver esto.

Para poder calcular el tamaño de una industria, se multiplica el número de acciones que ella ha ofrecido al público por el valor de cada acción. Por ejemplo, si una compañía tiene 300 millones de acciones y se venden a $50 por acción, ¡bingo!, la compañía vale $15,000 millones.

$$300 \text{ millones} \times \$50 = \$15,000 \text{ millones}$$

Las compañías de capitalización grande (conocidas como *large-cap companies* en inglés) son aquellas que valen $10,000 millones o más. Algunas compañías de capitalización grande que probablemente conoces son Ford Motor Company y McDonald's. Las firmas de tamaño medio son conocidas como de capitalización mediana o, sencillamente, *mid-caps* en inglés. Estos son negocios que valen entre $1,500 millones y 10,000 millones. Compañías como Intuit (la que inventó el programa de computadoras Quicken) forma parte de este grupo. Finalmente, las compañías de *small-cap* (las de capitalización pequeña) tienen un valor de $1,500 millones o menos. Estas son compañías más pequeñas, como Gadzooks, Inc., que vende ropa deportiva para jóvenes.

Sería muy difícil estar al tanto de todas las compañías dentro de una categoría de tamaño, de manera que la mejor forma de identificar cuáles son las que los inversionistas están favoreciendo en estos momentos es examinar un breve ejemplo de acciones que representan fondos de capitalización grande, mediana y pequeña. En la jerga de las inversiones, a esta muestra se le llama índex.

Aprendiste acerca de los índices en el Capítulo Cuatro, cuando hablamos del S&P 500. Tenemos índices que representan a Goliats del mercado bursátil, y otros representan a Davids. En realidad, hay docenas de índices y cada uno representa poco más o menos cualquier agrupación de acciones que te puedas imaginar.

De acuerdo al concepto tradicional, los fondos mutuos que invierten en las compañías más pequeñas tienen un potencial más alto de ganancias que sus parientes mayores, las firmas de capitalización grande o mediana. Pero si miramos unos quince años atrás en la historia de las ganancias, vemos que no conviene generalizar en lo que al mercado bursátil se refiere, y que, como inversionistas informados, tenemos que redirigir nuestro dinero de inversión basándonos en aquello que los inversionistas estás favoreciendo, no en generalizaciones que tal vez ya no sean reales.

Échale un vistazo a la gráfica que ilustra el crecimiento de acciones de compañías de capitalización grande, mediana y pequeña a lo largo de los años según las representan sus índices respectivos.

LISTA DE GANANCIAS ANUALES PROMEDIO PARA ÍNDICES DE CAPITALIZACIÓN GRANDE (LARGE-CAP), MEDIANA (MID-CAP) Y PEQUEÑA (SMALL-CAP) A PARTIR DE 28-02-01

Nombre del Índice	Categoría	Ganancia de 1 Año	Ganancia de 3 Años	Ganancia de 5 Años	Ganancia de 10 Años	Ganancia de 15 Años
S&P 100	Large Cap	−12.50%	15.65%	20.32%	N/A	N/A
S&P Mid Cap 400	Mid Cap	17.50%	17.10%	20.41%	19.84%	17.20%
S&P Small Cap 600	Small Cap	11.79%	7.44%	13.57%	17.44%	10.75%
T-bill de 3 meses	Ingreso figo	6.31%	5.40%	5.35%	4.94%	5.69%

Fuente: www.indexfunds.com

¡No vale mucho la sabiduría tradicional! Como Tía Hortensia puede ver en la gráfica anterior, en el momento en que este libro fue impreso las compañías de mediana capitalización habían tomado y mantenido la delantera durante los últimos quince años. Por tanto, ella piensa que, en el mercado de hoy día, las compañías de capitalización mediana parecen ser el camino a seguir. ¡Tía Hortensia acaba de reducir su montón de fondos mutuos posibles de 8,300 fondos a 1,005 al tomar la decisión de buscar el mejor fondo dentro del grupo de mediana capitalización!

¿Cuál es tu selección de capitalización? Puedes recurrir a www.index-funds.com[3] para que te ayude a estimar cómo la tendencia del mercado favorece el índice de cada grupo de compañías. Conocer quién lleva la delantera en el presente te ayudará a reducir más adelante la cantidad de tus opciones de inversión, así que apunta eso en tu libreta de notas. Por ahora, coloca tu respuesta en el anillo de la capitalización de tu blanco.

¡A Correr! . . . para el Criterio #3: Estilos de Inversión

El tercer anillo en el blanco corresponde al estilo de inversión. Hay diferentes estilos de inversión en el mercado. Algunos inversionistas buscan acciones que tengan su precio de acuerdo al valor. Otros buscan acciones que tengan precios más altos, pero que poseen un enorme potencial. Y otros buscan una combinación.

En *Obtenga su Porción* nos concentramos en las acciones individuales que habían demostrado tener todo el valor potencial para crecer, y

---

[3]Ve a www.indexfunds.com. En la página principal verás un titular verde, "Data Central" (Centro de datos). Junto a eso está "Jump to" (Salta a) y una ventana que se expande hacia abajo. En esta ventana que se expande hacia abajo escoge "Indexes." Aprieta donde dice "GO!"(¡VE!). Verás muchas cajitas. Marca "Large Cap," "Mid Cap" y "Small Cap." Luego, arriba de estas cajitas, verás una ventana que se expande hacia abajo junto a "Sort by" (Arregla según); en esta ventana escoge "3-year returns" (Ganancias de tres años). Ahora baja la página y marca "Screen!" (¡Filtra!). Aparecerá una lista de índices. Entre los primeros cinco que ves, cuenta cuántas veces ves las palabras *Large Cap*, *Mid Cap* o *Small Cap*. La palabra que aparezca más veces, cualquiera que sea, es la que se lleva tu voto.

compramos cuando su precio estaba dentro del 10 por ciento del precio más alto que habían tenido el año anterior. Comprar de las acciones de valor de menor precio no nos convenía, porque sabíamos que en el mercado bursátil el precio de una acción individual por lo general no sube más allá de lo que en realidad vale. La historia ha demostrado que cuando una acción individual llega a un precio nuevo, tiende a seguir en esta tendencia y asciende hasta un nuevo tope de precio alto. Siguiendo este estilo agresivo, cuando invertimos en acciones individuales, había momentos en que era necesario comprar y otros en que era necesario vender.

En los fondos mutuos, sin embargo, las reglas no son las mismas.

Así que si has leído *Obtenga su Porción*, no te sientas que eres inconstante por usar una estrategia diferente para identificar qué fondos mutuos están ganando más dinero en el mercado. Aclarado eso, hay tres tipos de estilos de inversión que un administrador de fondos puede adoptar cuando está comprando acciones.

El primero se llama *inversión en valor (value investing*, en inglés). Un administrador de inversión en valor es el tipo de administrador de fondos que prefiere comprar acciones que se están vendiendo por precios que él o ella puede considerar precios de ganga. Tal vez el administrador está dispuesto a esperar hasta que una compañía con un enorme potencial pueda comenzar a mostrar ganancias, aunque en este momento no lo estén haciendo. Estos compradores de acciones en desgracia por lo general tienen una filosofía de compra-y-aguanta.

El segundo estilo de administradores es aquel al que no le importa pagar más por una acción, siempre y cuando esta tenga las características triunfadoras que él o ella busca, tales como ganancias. Estos administradores de *inversión en crecimiento (growth investment)* están dispuestos a arriesgarse con las acciones de una compañía que ellos consideran que tiene el potencial para aumentar sus ganancias con el tiempo y, eventualmente, barrer el piso con la competencia. (Fíjate que la palabra *crecimiento* en este caso, como en *inversión en crecimiento*, se refiere a las ganancias de la compañía, mientras que un *objetivo de crecimiento* en el Criterio # 1 se refiere a un fondo mutuo que invierte en acciones. Yo estoy absolutamente segura, y también lo está Tía Hortensia, de que este es otro ejemplo más del complot del mundo de las inversiones para confundir a las personas normales como tú y como yo.)

El tercer estilo de inversión se conoce como una *mezcla* y, así como suena, es una mezcla de los dos estilos ya mencionados anteriormente. El administrador puede invertir en algunas acciones poco favorecidas, al tiempo que coloca parte del dinero del fondo en líderes prometedores que ya han demostrado tener capacidad para crecer.

¿Por qué es necesario que sepas esto? Porque cada ciclo del mercado requiere un estilo diferente de inversión en fondos mutuos, en momentos diferentes. Debido a los cambios que se producen en los ciclos del mercado, puede que más adelante cambies algunas de las decisiones de inversión que tomas en el presente. Por ejemplo, durante gran parte de los años 90, las acciones de crecimiento, sobre todo en la tecnología, dominaron el campo de las inversiones. Pero el año 2000 trajo un cambio abrupto: mientras explotaba la burbuja de la tecnología, las acciones de valor comenzaron a subir de precio, y para el mes de septiembre de 2000 los índices de crecimiento estaban mostrando una pérdida de un 1.6 por ciento para ese año, mientras que las acciones de valor habían subido un 4.1 por ciento, según lo indicaban los índices de valor.

Las acciones de crecimiento tienden a desempeñarse bien cuando el mercado bursátil, en conjunto, está subiendo. Las acciones de valor tienden a brillar cuando el mercado bursátil está cayendo o, sencillamente, tratando de mantenerse a flote.

—¿Cómo puedo reconocer un estilo de inversión dentro de un prospecto, o en un informe de fondo mutuo en la Internet?—pregunta la Tía Hortensia.

Para hallar esa información en la Internet puedes ir al informe sobre fondos mutuos Morningstar Quicktake® Report en www.morningstar.com.[4] Hay dos lugares en el informe que indican el estilo de inversión. El primero se titula "Inside Scoop" (Información confidencial). Este te da una idea precisa de cuán agresivo es este administrador en su enfoque de las inversiones. He aquí un ejemplo de un informe real de fondo mutuo por Internet de Morningstar Quicktake® Report:

---

[4]Para hallar información sobre los estilos de inversión en un fondo, ve a www.morningstar.com. En su página principal verás un cuadro donde te piden que escribas el nombre de tu fondo (*Enter ticker or name*). Teclea allí el nombre del fondo y entonces aprieta "Go!" (¡Ve!). Lo que aparece en la pantalla será el informe de fondo mutuo de Quicktake® Report. Ve subiendo la página hacia arriba hasta que veas "Inside Scoop."

Información Confidencial

Este fondo que se compra y vende con facilidad se concentra en firmas pequeñas y de crecimiento rápido, y a menudo coloca la mayoría de sus valores en el inestable sector de la tecnología. Sus ganancias pueden ser fenomenales en ciertos momentos, pero también puede perder montones de dinero en poco tiempo. Sólo aquellos con nervios de acero deben meterse en esto.

Fuente: www.morningstar.com

Las palabras "fondo que se compra y se vende con facilidad" y "firmas de crecimiento rápido" indican que esta no es una inversión en valor de esas de compra-y-aguanta. Este fondo claramente es más favorable para una inversión de crecimiento.

La segunda área en el Quicktake® Report que indica estilos de inversión es el Morningstar® Style Box™. Se parece al juego de las cruces y los ceritos de tic-tac-toe que solíamos jugar cuando éramos niños. En los informes Quicktake® Reports de Morningstar, estos cuadritos se explican como la "valoración de la inversión" de un fondo mutuo. Es bastante fácil entender cómo funciona: Tenemos tres capitalizaciones de mercado: capitalizaciones pequeñas, medianas y grandes, y tres estilos de inversión: de crecimiento, de valor y de mezcla. Tres por tres es nueve, ¿no es así? Hay nueve posibles combinaciones entre las cuales escoger. Así es como luce un Style Box (Cuadro de estilo) en la Internet. ¿Puedes decir en qué tipo de compañías invierten estos fondos? Trata de hacerlo.

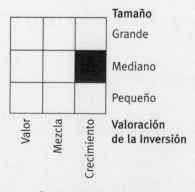

Fuente: www.morningstar.com

Este fondo mutuo invierte en compañías de tamaño mediano, y el administrador usa un enfoque de crecimiento, mediante la compra de acciones en compañías cuyas ganancias se espera que aumenten a un ritmo rápido.

He aquí otro cuadro de valoración. ¿Cuál es el estilo de inversión de este fondo?

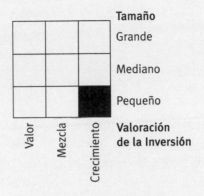

Fuente: www.morningstar.com

¿Trataste de adivinar? Este Cuadro de Estilo muestra un fondo mutuo que invierte en compañías de pequeña capitalización y el administrador selecciona las acciones enfocándose en el crecimiento.

Para obtener toda esta información por ti mismo, todo lo que tienes que hacer es seguir los pasos que se esbozaron aquí. Puedes usar la Internet para obtener los prospectos, para investigar los índices y para determinar cuáles son las tendencias del mercado.

Pero regresemos con la Tía Hortensia. Ahí la tenemos. Ella sabe que se puede encontrar esta información de la Internet o en el ejemplar en papel del informe Morningstar que está en la biblioteca, pero todavía no está segura de qué estilo de inversión debe escoger. Para ayudarla, vamos a revisar un poco de historia reciente. Saqué esta gráfica de www.indexfunds.com.[5] Te muestra la diferencia en cuanto a ganancia en-

[5]Ve a www.indexfunds.com. Al lado del titular "Data Central" (Centro de Datos) verás "Jump to" (Salta a) y una ventana que se abre hacia abajo. Escoge "Indexes" en la ventana y marca el verde de "GO!"(¡VE!). Entonces marca las cuadritos para "Mid-Cap" (o cualquiera que sea tu selección de capitalización), "Growth" (Crecimiento) y "Value" (Valor). Luego, encima de todos los cuadritos, escoge "15-year returns" (Ganancias de 15 años) en la ventana que se abre hacia abajo, junto a "Sort by" (Arregla según). Ahora baja la página y marca "Screen!" (¡Filtra!).

tre mid-caps de valor y mid-caps de crecimiento durante los últimos quince años. He aquí lo que obtuve:

Nombre del Índice	Ganacia de 1 año	Ganacia de 3 años	Ganacia de 5 años	Ganacia de 10 años	Ganacia de 15 años
Crecimiento Barra para Mid Cap	9.14%	23.74%	23.92%	17.67%	N/A
Valor Barra para Mid Cap	27.84%	11.04%	17.05%	N/A	N/A

Fuente: www.indexfunds.com

Estos índices Barra muestran que los fondos de valores han disfrutado de una gran ventaja durante los últimos 12 meses, como se ilustra en la ganancia de un año reflejada en nuestra gráfica anterior. Sin embargo, las acciones de crecimiento han superado consistentemente a sus rivales durante los últimos tres a cinco años.

El alto rendimiento logrado con ambos estilos hace un poquito más difícil el proceso de eliminación, por lo que, hasta que Tía Hortensia pueda aprender más, ella buscará fondos que inviertan en las tres: acciones de crecimiento, de valor y de mezcla.

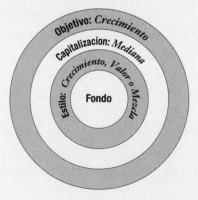

¿Qué estilo de inversión tú escogerías? Llena tu blanco.

Vamos a Repasarlo Todo Otra Vez

Hasta ahora, Tía Hortensia ha podido tomar algunas decisiones importantes basadas en lo que está sucediendo hoy día en el mercado.

Ha seleccionado un fondo con un objetivo de crecimiento y una capitalización mediana. Pero aún no está segura de si va a inclinarse, en cuanto a estilos, por el valor, el crecimiento o la mezcla. Veamos de nuevo, ¿cómo fue que ella hizo estas selecciones?:

1. *Objetivo: ¿Crecimiento o ingreso?* Para decidir el objetivo, hazte la pregunta: ¿Quiero invertir para poder recibir un ingreso ahora (lo que te convertiría en un inversionista de ingreso) o estoy dispuesto a no tocar nada del dinero para dejarlo crecer durante un período de dos años o más (lo cual te convertiría en un *inversionista de crecimiento*)?

2. *Capitalización: ¿Compañías de capitalización pequeña, mediana o grande?* Para decidir qué tamaño de compañía ha mostrado el mayor crecimiento en los últimos años, es necesario que examines los índices que representan a cada una de ellas. Revisa en la Internet el rendimiento de estos índices: vete a www.indexfunds.com, donde te ayudarán a estimar cómo la tendencia del mercado favorece a cada tamaño de compañía. Busca las palabras *small* (pequeñas), *medium* (medianas) o *large* (grandes). Anota la más popular entre las cinco principales selecciones.

3. *Estilo de inversión: ¿Valor, crecimiento o mezcla?* Ve a www.indexfunds.com y examina cómo se han desempeñado los índices principales a lo largo de los años. Busca las palabras *value* (valor), *growth* (crecimiento) o *blend* (mezcla) y apunta la que aparezca con más frecuencia entre las cinco principales.

Al seguir estos pasos hemos podido hasta el momento hacer algunas eliminaciones importantes. Ahora que Tía Hortensia ha reducido su conglomerado de posibles fondos hasta dejar aquellos que tienen un objetivo de crecimiento, que tienen un tamaño de capitalización pequeña y que tienen un posible estilo de valor, crecimiento o mezcla, ella ha conseguido rebajar el número de posibles fondos candidatos ¡de 12,000 a casi 1,000 fondos!

Pero todavía tenemos que llenar el anillo exterior del blanco. Así que saca tu lupa, porque en el siguiente capítulo, tú, Tía Hortensia y yo vamos a examinar más de cerca un informe de fondos mutuos. Entonces podremos identificar los números que determinan si un fondo puede pasar o no a nuestra lista de finalistas.

CAPÍTULO SIETE

Cómo Encontrar la Aguja en el Pajar

María salió llena de confianza de la joyería La Perla de Oriente. En la mano llevaba agarrada la bolsa que guardaba su preciosa carga. Se sentía bien de haber hecho la compra. Sin duda que los diamantes eran el mejor amigo de una chica, pensó María, y se sintió satisfecha y recompensada, no sólo por haber tenido la disciplina de ahorrar para hacer esta compra, sino también por el empeño que puso en hacer la investigación. Contuvo una risita al acordarse de la expresión en la cara del vendedor cuando ella hizo comentarios acerca del corte, los quilates, la pureza y el color . . . las características que ella sabía había que considerar ante todo cuando se compraba un diamante. Había estudiado esas cuatro propiedades principales antes de salir a comprar *su* diamante perfecto, y en realidad se había comprado uno que era casi perfecto. Su duro trabajo había dado resultado.

También a ti te beneficiará hacer tu investigación antes de salir a buscar el fondo mutuo que resulta perfecto para ti. Pero en lugar de cuatro características, te será indispensable acordarte de echarle una ojeada a los cinco componentes de la segunda parte de mi sistema: *Ganancia, Clasificación por Comparación, Clasificación por Categoría, Riesgo* y *Ratio* (lo que yo llamo en inglés el sistema de las cinco erres: *Return, Ranking, Rating, Risk* y *Ratio*). Examinaremos en detalle estas cinco claves en este capítulo. Lo único que tienes que hacer es recostarte, servirte una taza de café y leerlo todo. En el próximo capítulo tendrás oportunidad de llevar a la práctica este proceso.

Después de haber reducido tus selecciones de fondos mutuos entre las nueve categorías posibles asociadas con el tamaño de la compañía y el estilo de inversión del administrador del fondo, el próximo paso es penetrar en el engranaje de cada fondo para identificar aquellos que se destacan entre sus compañeros por haber tenido las ganancias más consistentes. Después de todo, no puedes jugar a la ruleta rusa con tu futuro financiero. Tener que tomar dramamina para poder soportar los sube y baja de un fondo mutuo no debe ser parte de tu experiencia normal de inversión.

Hay varias fuentes confiables donde puedes encontrar la información que necesitas para evaluar fondos mutuos individuales, pero independientemente de donde vayas, lo más probable es que te encontrarás con una de las autoridades de informes más prestigiosas y de fácil acceso: Morningstar, Inc.

Morningstar ha estado brindando a los inversionistas información independiente para ayudarlos a tomar decisiones personales de inversión desde 1984. Puede que hayas visto anuncios de un cierto fondo mutuo en la televisión o en revistas, en los cuales el fondo se precia de la clasificación que le otorgó Morningstar. Los inversionistas privados, los planificadores financieros y las fuentes respetadas de los medios de difusión citan las recomendaciones de Morningstar como la principal autoridad informativa respecto a los fondos mutuos. Puedes hallar los informes sobre fondos mutuos de Morningstar en las mayoría de las bibliotecas públicas y en la Internet, en www.morningstar.com.

Si bien no existe una medida única que pueda predecir con un 100 por ciento de precisión cuán inestable o ganancioso será en el futuro un fondo mutuo, hay estudios que han mostrado que las medidas del rendimiento y el riesgo previos *son* buenos indicadores de cómo cada fondo se comportará casi seguramente en el futuro. Pero, ¿a cuáles del abrumador número de factores que cubre un informe sobre fondos mutuos debes prestarles atención para evaluar los méritos de un fondo? He aquí donde las cinco claves hacen su entrada triunfal.

Ganancia

La primera clave es *ganancia*. Ganancia es el rendimiento en dinero que el fondo mutuo ha generado anteriormente.

—¡Aguanta ahí¡—dice Tía Hortensia—. Primero habías dicho, en el Capítulo Cinco, que existen tres formas en que puedo ganar dinero con mis fondos mutuos: dividendos, ganancias sobre el capital o plusvalía, y un aumento en el precio de la acción. ¿Cuál de estos debo buscar?

Debemos buscar los tres, y a eso es a lo que se llama la *ganancia total*.

La ganancia total se considera la mejor medida del desempeño de un fondo, ya que es la más amplia. Este componente toma en consideración cuántos dividendos pagó un fondo (si es que pagó algo), cuánto pagó en plusvalía (que son las ganancias capitales que el administrador del fondo logró cuando vendió acciones que son propiedad del fondo) y el aumento de precio de las acciones del fondo.

Un fondo mutuo expresa todas estas ganancias en un lenguaje al que estamos acostumbrados, un porcentaje y supone que las distribuciones de dividendos y ganancias capitales fueron reinvertidas en el fondo en vez de ser extraídas en efectivo.

—¡Uuuyy! Qué miedo me da esa jerga de las inversiones!—exclama Tía Hortensia—. Eso es chino para mí.

No te preocupes y sigue leyendo, pues esto se hará más fácil.

Por ejemplo: Digamos que inviertes $1,000 en un fondo mutuo. En algún momento durante ese primer año, tu fondo distribuye $200 en dividendos o ganancias capitales. En lugar de cambiar en efectivo esos $200, tú *reinviertes* ese dinero en tu cuenta para comprar más acciones para el fondo. Entretanto, resulta que al poco tiempo el valor las acciones de ese fondo también sube, de manera que tu cuenta aumenta su valor también gracias a eso. Al final del año, el número de acciones que posees, multiplicadas por su *nuevo* precio por acción, da un total de $1,300. Qué bien.

Ahora, ¿cómo calculas entonces la ganancia total que recibiste en esta cuenta durante el año? Bueno, el administrador de tu fondo mutuo será quién sacará las cuentas en tu lugar y te informará la cantidad de la ganancia total. Pero es conveniente saber cómo es que él/ella obtiene esa información. Así que saca tu calculadora:

Marca tu balance final: $1,300

Réstale tu depósito inicial: $1,000

Obtienes: $300 (esta es tu ganancia)

Ahora divide tu ganancia entre tu depósito inicial: $300 ÷ $1,000 = .30

Multiplica por100 para tener un porcentaje: .30 × 100 = 30%

Tu ganancia total es del 30 por ciento

—¡Caramba!—dice Tía Hortensia—. ¡Apúntame en esa! ¡Una ganancia de un 30 por ciento es muchísimo más que el miserable 4 por ciento que obtuve en mis inversiones el año pasado!

¡No vayas tan rápido! Antes de dejar que Tía Hortensia salga corriendo de la casa, con su chequera en la mano, para poner en este fondo "espectacular" el dinero por el que tanto ha trabajado, permíteme decirte que doce meses es un período de tiempo muy corto en la vida de un fondo mutuo e *indudablemente* un período demasiado corto en el cual basar una decisión sobre si invertir o no en él.

Cualquier fondo mutuo puede tener suerte en un período corto y obtener tremendas ganacias. Cualquier fondo mutuo puede también descalabrarse en un corto plazo y perder todo el dinero. Así es como son las cosas.

Los verdaderos méritos de un fondo mutuo descansan en su capacidad de monstrar las mejores ganancias *consistentemente, a lo largo del tiempo*. Los que lo logran son aquellos fondos mutuos a los que podemos confiar el dinero que queremos invertir. Recuerda que, cuando esperamos una ganancia total en nuestro dinero, es importante identificar qué fondo supera a la competencia *de manera consistente*. Los inversionistas exitosos en fondos mutuos basan sus decisiones de inversiones en las ganancias promedio a través de los años anteriores y mantienen en perspectiva ganancias de corto plazo o pérdidas. No puedo enfatizar lo bastante lo importante que es esto.

Los inversionistas exitosos en fondos mutuos basan sus decisiones de inversiones en las ganancias promedio a través de los años anteriores y mantienen en perspectiva ganancias de corto plazo o pérdidas.

Así que examina con cuidado un informe de fondo mutuo y observa el promedio de su ganancia total durante los últimos tres, cinco y hasta incluso diez años. La mayoría de los expertos está de acuerdo en que el promedio de la ganancia de tres años es el período más importante a considerar, ya que ofrece un espacio de tiempo lo bastante largo y, al mismo tiempo, está relacionado con las condiciones actuales del mercado.[1] Aun así, es conveniente ver cómo le ha ido a tu fondo a lo largo de períodos de

---

[1]Esta marca de referencia de tres años brinda una de las razones por las que te aconsejo no invertir el dinero que vas a necesitar en menos de dos años.

tiempo más prolongados. Si ves que tu fondo ha mantenido sus ganancias de tres años estables durante períodos aún más largos de tiempo, eso puede ser una confirmación de la estabilidad de las ganancias de tu fondo. Si, por otra parte, descubres que tu fondo parece producir ganancias desiguales a lo largo de diferentes períodos de tiempo, eso puede ser una señal de que te encuentras frente a un candidato muy inestable.

He aquí una tabla de ganancias totales de un fondo presentado en el Morningstar Quicktake® Report.

En la pista de la ganancia total	
	% de Ganancia Total
1 año	54.57
3 años, anualizado	-4.81
5 años, anualizado	-12.51
10 años, anualizado	-6.44

Fuente: www.morningstar.com

Este fondo, que ya lleva diez años en el mercado, mostró una ganancia total de un 54 por ciento a lo largo del año pasado. Pero si lo examinaste más de cerca, viste que el promedio de ganancia total del fondo fue una pérdida promedio de un 4.81 por ciento al año durante los últimos tres años, ¡y una pérdida promedio de un 12.5 por ciento al año durante los últimos cinco años! (La palabra *anualizado* en la gráfica sólo significa *promediado*.) Este es un ejemplo perfecto de por qué no puedes confiar en una ganancia total a corto plazo para tomar tus decisiones de fondos mutuos. Recuerda que tu objetivo es de largo plazo. Busca un fondo que muestre un récord de largo plazo con ganancias positivas. El promedio debe haber mitigado cualquier pérdida pasajera.

Clasificación por Comparación

¿Recuerdas lo feliz que te sentías después de comprar ese sofá perfecto en tu tienda favorita durante las gangas postnavideñas? No sólo tenía el color ideal y el tamaño exacto, sino que el precio también estaba dentro de tu presupuesto. Te felicitaste a ti misma por tu habilidad como compradora.

Entonces sucedió lo inevitable. Mientras tomabas tu tacita de café mañanera de los domingos, abriste el periódico por casualidad y ¡allí estaba! El mismo estilo, el mismo tamaño, el mismo color, mejor fabricante, ¡y *a la mitad del precio!* ¡Querías morirte!

Los inversionistas en fondos mutuos pueden sentirse satisfechos con la ganancia total de un fondo en los pasados años, pero observar la ganancia de cada fondo en particular sin compararlo con otras ofertas del mercado puede resultar muy decepcionante.

He aquí donde se hace práctico el uso de las *marcas de referencia*. No se trata de una marca de ropa de diseñador europeo, sino que son marcas que se usan como instrumentos de medición contra los que podemos comparar un fondo con otros de su mismo grupo. Las marcas de referencia brindan perspectiva. Así que al principio juzgaste un fondo por sus méritos (*ganancia*). Luego lo juzgaste contra sus compañeros (*clasificación por comparación*). Por ejemplo, el Mid-Cap 400 Index de S&P, es la marca de referencia para todas las acciones de capitalización mediana que hay en el mercado bursátil de Estados Unidos. El índice de las 500 de Standard & Poor, probablemente el índice más popular de todos, representa una marca de referencia para las compañías de gran capitalización

Cada informe de fondo mutuo te muestra cuál ha sido la ganancia anterior total del fondo y cómo se clasifica en comparación con el mercado en general (por lo general comparándolo con el S&P 500 Index[2]). El informe también muestra cómo se clasifica en comparación con otros fondos parecidos. Al tomar en consideración estas dos comparaciones, descubrirás si tu fondo está entre los líderes de todo el mercado de acciones y entre los otros fondos mutuos que forman parte de su grupo. Después de todo, ¿no te gustaría poder escoger un fondo que haya tenido la mejor ganancia entre todos los otros?

Lipper, Inc. y Morningstar, Inc. son dos proveedores de marcas de referencia de grupos de fondos similares, e informan sobre estas cifras en sus informes de fondos mutuos en forma de *clasificaciones por comparación* (o *rankings*, en inglés).

Examina el siguiente informe de Morningstar[3] y mira cómo este fon-

---

[2]La meta de todo administrador de fondos de acciones es obtener más ganancias que las que indica el S&P 500 Index. Por ello, este es una marca de referencia importante para el mercado de los fondos mutuos de crecimiento, pero, como puedes ver en la gráfica, no el único importante.

[3]Morningstar no sólo confía en la categoría que cada fondo se asigna a sí mismo. En vez de eso, examina las acciones y bonos que posee el fondo y entonces asigna la categoría correspondiente a ese fondo mutuo.

do se compara con el mercado y con sus compañeros. Notarás que, cuando se compara un fondo mutuo con todos los otros fondos mutuos dentro de la misma categoría, se le da una gradación expresada en *clasificación procentual*. La gradación más alta posible es 1 por ciento, lo que significa que el fondo tiene una ganancia total que lo sitúa entre el 1 por ciento de sus compañeros más destacados. Una gradación de 100 por ciento significa que las ganancias del fondo lo sitúan en lo más bajo de su grupo de fondos similares, superado por la ganancia de todos los otros fondos dentro de esa categoría.

En la pista de la ganancia total			
	% de Ganancia Total	+/– S&P 500	% de Clasificación por Categoría
1 año	20.04	44.14	1
3 años, anualizado	16.54	14.40	2
5 años, anualizado	24.32	10.48	1
10 años, anualizado	20.23	5.81	1

Fuente: www.morningstar.com

Este fondo mutuo ha tenido una ganacia total estable a lo largo de los últimos diez años. La columna del +/– S&P 500 nos muestra si el fondo superó (lo cual lo indica un número positivo) o fue por debajo (lo cual lo indica un número negativo) de la ganancia del S&P 500 Index durante el mismo período. Puedes ver que este fondo ha superado consistentemente las ganancias del S&P 500 Index. La última columna muestra la clasificación del fondo cuando se compara con otros fondos de su misma categoría. Este fondo mutuo ha estado entre el 1 por ciento o el 2 por ciento de sus compañeros que mejor rendimiento han tenido. Nada mal esta cartilla de calificaciones.

Cuando observes la clasificación por comparación de un fondo, busca un porcentaje bajo, no más alto de un 10 por ciento.

Clasificación por Categoría

La ganancia es indudablemente importante cuando se está midiendo el desempeño o rendimiento de un fondo mutuo. Después de todo, ¿no es lograr ganancias la razón por la que pensaste en invertir en un fondo mutuo? Sí, pero hay otros factores producidos por la compañia de fondos mutuos, además del dinero, que tenemos que considerar antes de tomar una decisión inteligente. No es oro todo lo que brilla.

Uno de estos factores es otro tipo de clasificación del fondo: específicamente, la *clasificación por categoría* (o *rating*). La clasifición por categoría ofrece la misma perspectiva que brinda la clasificación por comparación mediante marcas de referencia, pero añade otra dimensión más a la ecuación: la del riesgo. En la clasificación por categoría, se gradúa a la compañía de fondos mutuos de acuerdo a cuánto riesgo está dispuesta a tomar para producir su ganancia total. Es un instrumento muy útil para los inversionistas. Si tomamos en cuenta solamente las ganancias que un fondo ha producido sin tomar en consideración el riesgo asumido por el administrador del fondo para conseguir esas ganancias, estamos mirando solamente la mitad del cuadro . . . y eso podría hacer que cambiáramos de parecer respecto a seleccionar ese fondo en específico.

Este método de evelución de un fondo, que es tan fácil de entender, nos ayuda a identificar con cuánta prudencia un fondo está invirtiendo nuestro dinero. La clasificación por categoría es una medida de lo bien que un fondo ha equilibrado el riesgo y la ganancia con relación a sus compañeros.

Supongamos que tú le diste a tu tío Panchito tus últimos $500 para que los invirtiera. El agarra tu dinero y va directo a apostárselo a Rosita la Potranca, la yegua que menos posibilidad tiene de ganar la carrera de esa tarde en el hipódromo local. Con una probabilidad de éxito de 100 en 1, ¡si ganas te embolsas $50,000! Eso significa que tienes una probabilidad en cien de ganar. Qué buena ganancia para tu inversión, pero antes llegas tú a la luna que Rosita a la meta en primer lugar. Tío Panchito habría recibido una muy mala clasificación por categoría por parte de Morningstar. Probablemente lo habrían clasificado con un 1—la más baja clasificación por categoría—cuando compararon el riesgo que tomó Tío Panchito con tu dinero con la posible ganacia de ese dinero.

Hay varios servicios independientes que clasifican los fondos mutuos según la cantidad de riesgo que toman para generar sus ganancias totales. Morningstar, Inc.; Value Line, Inc.; Lipper, Inc.; y Standard & Poor's Corporation son algunos de los servicios principales para las clasificaciones por categoría, y cada uno ofrece una versión ligeramente diferente del mismo tema. Vamos a usar una de las clasificaciones más ampliamente utilizadas: las clasificaciones por categoría de Morningstar.

Para poder llegar a esta clasificación, Morningstar toma la ganancia de tres años de un fondo y la procesa mediante una fórmula que equilibra el riesgo y la ganancia, una fórmula complicada que probablemente te formaría un nudo en el cerebro. El resultado se compara entonces con los resultados de todos los fondos compañeros de ese grupo, y se le asigna una gradición: cinco es la mejor clasificación y uno es la peor.

Es así como un informe de fondo mutuo de Morningstar muestra su clasificación por categoría:[4]

Fuente: www.morningstar.com

Tú usas la clasificación por categoría de Morningstar (Morninstar® *Category Rating*™) en específico para medir la tendencia que tiene un fondo para arriesgar tu dinero, comparado con los otros fondos dentro de nuestro grupo escogido; por ejemplo, dentro de los fondos de capitalización mediana.

Cuando estemos investigando fondos mutuos, *nos vamos a concentrar en aquellos que tienen una clasificación por categoría de cinco*. Si puedes encontrar una aceptable tasa de ganancia que te conduzca donde tú quieres que vaya, ¿por qué vas a estar dispuesto a jugar con tu dinero?

Riesgo

¿Puedes sentir que se te pone la carne de gallina cuando menciono esa palabra? No quiero que le temas al riesgo. Quiero que lo entiendas.

Riesgo no implica necesariamente "pérdida de tu dinero." Si inviertes tu dinero en el mercado de acciones al abrir una cuenta de fondos mutuos y puedes dejar el dinero allí varios años sin tocarlo, percibirás el sube

[4]Nota: No confudas la Clasificación por Categoría de Morningstar (*Morningstar® Category Rating*™) con la Clasificación para Fondos de Morningstar (*MorningSTAR RATING*™ *FOR FUNDS*), que se anuncia mucho. El sistema de clasificación con estrellas es un método de gradación más amplio. Al otorgar estrellas, Morningstar no compara un fondo con otros dentro de su categoría específica, sino con otros fondos en un grupo de fondos mucho más extenso. Si estás buscando la manzana que más te conviene, la clasificación por categoría compararía manzanas con manzanas, mientras que el sistema de clasificación con estrellas compararía manzanas con otras frutas.

y baja del valor de tus acciones como un proceso normal. Cada fondo mutuo que ha conocido la humanidad ha subido y bajado, hasta los mejores. No es más que una parte de la vida de inversionista el hecho de que tu fondo tenga sus años buenos y sus vacas flacas. Esta es la razón por la que observamos los promedios cuando comparamos las ganancias de fondos mutuos. *Nunca tomes las ganancias o las pérdidas de un año aislado como indicador del desempeño de un fondo en general.*

Hay estudios que han mostrado que los giros de precios en la historia de un fondo pueden predecir sus cambios futuros de manera más confiable que cualquier otro comportamiento de ese fondo mutuo. Así que para hallar si nuestro fondo es un conejito apacible o un temerario en busca de emociones, es necesario que le echemos una ojeada a cómo se ha comportado en el pasado.

El mejor lugar para encontrar esta información es en el *beta* del fondo.

—¡Ay, mijita, ¿y ahora me hablas en griego?!—exclama horrorizada Tía Hortensia.

Ajá, da la casualidad que beta es la segunda letra del alfabeto griego, pero en la jerga del mundo de las inversiones, beta mide la inestabilidad o las fluctuaciones hacia arriba y hacia abajo de esa inversión.

Cada inversión tiene una clasificación beta, y los fondos mutuos no son una excepción. El beta nos dice cuánto más o menos un fondo en específico se desvía de las fluctuaciones normales del mercado.

—Claro, yo lo sabía . . . Esto *es* griego—refunfuña Tía Hortensia mientras se prepara para salir corriendo espantada. Aguántate ahí, que esto no es tan feo como lo pintan.

El S&P 500 Index representa al mercado bursátil como un todo en Estados Unidos debido a que sus 500 valores forman una muestra de las muchas diferentes industrias que componen el universo de las acciones. Este índice sube y baja a diario al trazarse en una gráfica el precio final de cada uno de sus miembros.

El beta se expresa en números y al S&P 500 Index se le da una clasificación beta de uno.

Para aquellos de ustedes que adoran las matemáticas: Cuando medimos la inestabilidad de un fondo mutuo (o de cualquier acción), comparamos su variaciones a las del S&P 500 Index. Por ejemplo, un fondo mutuo con una clasificación beta de 1.20 muestra un 20 por ciento más de inestabilidad que el Index. Por eso, cuando el S&P 500 Index sube en

Para aquellos de ustedes que detestan las matemáticas: Un beta de menos de uno representa un fondo mutuo cuya inestabilidad no es tan grande, mientras que un beta de dos te dice que mejor te aprietas el cinturón, porque las sacudidas de tu fondo son generalmente el doble de las del S&P 500. Un beta elevado puede resultar apropiado para inversionistas agresivos, mientras que un beta bajo puede se más conveniente para quienes no quieren tomar riesgos.

Podemos encontrar el beta en los informes sobre fondos mutuos de Morningstar. *Mientras más bajo sea el número del beta, más estable será el precio del fondo, tanto hacia arriba como hacia abajo.* No hay una gradación más alta o más baja. El beta siempre se mide en relación a las fluctuaciones de la marca de referencia. Un inversionista más agresivo puede recibir con agrado un beta más alto, ya que cuando llegan los buenos tiempos, de verdad que son buenos. Por otra parte, si eres de los que se ponen un poco nerviosos con las inversiones, tal vez preferirás conformarte con una ganancia potencialmente más baja, pues el valor de tu fondo mutuo mantiene cierta ecuanimidad.

Resulta útil comparar el beta de tu fondo no sólo con el beta del mercado en general, sino también con el beta de los compañeros de tu fondo, de acuerdo a como aparezcan en los índices que los agrupan. Por ejemplo, si estás investigando un fondo de capitalización mediana (*mid-cap*), el S&P puede darte una idea de cómo se compara el beta de tu fondo con el S&P 500, pero también es necesario que sepas lo bien o lo mal que le va a tu fondo comparado con el índice de compañías de tamaño mediano. En el mundo de los fondos mutuos rinde beneficios averiguar lo que están haciendo tus vecinos.

He aquí un ejemplo de un informe de Morningstar Quicktake® que muestra comparaciones de beta para un fondo de capitalización mediana (*mid-cap*).

Estadísticas de Modern Portfolio Theory

	Índice Standard S&P 500	Índice Mejor Ajustado Standard & Poor's Midcap 400
Beta	0.59	0.54

Fuente: www.morningstar.com

El beta de este fondo mutuo es .59 cuando se compara con el del S&P 500 Index. Eso significa que puede esperarse que se desvíe de las fluctuaciones en ese índice, hacia arriba o hacia abajo, alrededor de medio punto. El fondo tiene un .54 cuando se compara con el índice que representa a todas las compañías de mid-cap. Ese número muestra la naturaleza apacible de este fondo, ya que reaccionó aproximadamente la mitad de lo que reaccionó su propio índice representativo. No existe un clasificación peor o mejor de beta, pero recuerda que mientras más alto sea el beta, más altas serán las posibles ganancias que pudieras obtener en tu fondo cuando las cosas van bien, pero mayores serán las pérdidas durante las inevitables caídas de los precios.

Ratio

La última clave que tienes que considerar representa el *ratio* o porción de tu ganancia que se dedica a pagar los costos que la compañía de fondos mutuos te cobra para invertir tu dinero.

¿Tú no habrás pensado que ellos se tomaron todo este trabajo sencillamente por amor a las finanzas, verdad? Las compañías de fondos mutuos son organizaciones lucrativas. Ellas se quedan, en forma de los honorarios que te cobran, con parte del dinero que generan.

Necesitas saber dónde es que un fondo mutuo puede esconder legalmente sus costos.

Hay cuatro lugares en los cuales buscar, y estos son los términos que se usan para cada uno de ellos:

1. Comisión inicial

2. Comisión atrasada

3. Porcentaje de gastos generales

4. Costo 12(b)1

Una comisión inicial (*front-end load*, en inglés) es un recargo que el fondo agrega al precio de la acción cuando tú la compras. Puede que recuerdes cuando se mencionó el NAV de un fondo en un capítulo anterior.

El NAV (o "valor neto del activo") es el precio de cada acción de un fondo mutuo después que este cuenta el valor de todas sus propiedades (las acciones o bonos que posee) al final de cada día de compras y ventas, después que descuenta los gastos y luego divide este valor entre el número de acciones que poseen los inversionistas de ese fondo.

Algunas compañías de fondos mutuos agregan un costo de venta o comisión al NAV de sus acciones, y ese nuevo precio es el que pagan los inversionistas. Este recargo que se permite añadir a los fondos mutuos está regulado por el SEC, y aunque se les permite aumentar el valor de las acciones que se venden a los nuevos compradores en un margen de hasta un 9 por ciento, la comisión inicial de la mayoría de los fondos cae en la categoría del 4 por ciento al 5 por ciento. ¿Cómo sabes si un fondo mutuo tiene un aumento sobre el precio? Ellos publican el alza de precio en sus prospectos, así como en los periódicos, bajo el encabezamiento de *POP*, que quiere decir *public offering price* ("precio de oferta pública," en español.) Los informes de fondos mutuos especificarán los honorarios de comisión inicial bajo la lista de gastos marcándolos claramente como tales.

Si estás invirtiendo en un fondo de comisión inicial, pagarás el precio más alto por la acción cada vez que inviertas dinero *nuevo* en el fondo; pero cualesquiera dividendos o ganancias capitales (reinvertidas en el fondo en lugar de extraídas como dinero en efectivo) comprarán más acciones en el NAV. Por ejemplo, si abriste una cuenta con $1,000, habrías comprado acciones a su precio más alto. Si luego recibiste dividendos de $200 del fondo y decidiste comprar acciones adicionales con ese dinero, tu compra ahora sería al precio del NAV. Si quisieras agregar $500 más al fondo, ¿sabes qué?, tu dinero compraría las acciones al precio inflado.

Las compañías de fondos mutuos pagan comisiones a los agentes de la bolsa con este dinero. ¿Puedes ahorrarte este dinero si vas directamente a la compañía de fondos mutuos y no tratas con un intermediario para tu compra inicial o las siguientes? Nada de eso; vas a pagar el precio más alto no importa la forma en que abras la cuenta.

El segundo costo es la comisión atrasada (*back-end load*, en inglés), que se conoce también como costo diferido o de rescate. Este es el costo que se agrega cuando *vendes* acciones del fondo, y no cuando las compras. Pagarías el precio NAV por las acciones que compraste, pero el fondo mutuo puede tener un costo de un 5 por ciento si vendes durante el primer año, un 4 por ciento durante el segundo año, un 3 por ciento el próximo, y así consecutivamente hasta que la penalidad desaparece después del quinto año de tener el fondo. Por lo general, imponen un costo diferido para disuadir a los inversionistas de que cambien sus fondos por dinero.

El porcentaje de gastos generales (*expense ratio*, en inglés) es el costo de hacer negocios. Este es el porcentaje que se dedica a pagar el alquiler, los salarios, los servicios como la luz y el agua, los suministros y todos los otros costos por los que es responsable todo negocio. Los salarios de los administradores del fondo también provienen de este costo. El porcentaje de gastos generales es un gasto continuo para una compañía de fondos mutuos.

Finalmente, el costo 12(b)1 es también un gasto recurrente que va hacia el pago de las campañas de publicidad y de mercadeo que realiza el fondo. Cuesta mucho producir todos esos brillantes folletos, y tú (¡dichoso que eres!) es el que tiene que pagar por los gastos de impresión. Al informar sobre los gastos, un informe de fondos mutuos puede incluir sus honorarios 12(b)1 en el porcentaje de gastos generales. Esto es lo que sucede con los informes de Morningstar.com. Sin embargo, si marcas en la parte izquierda de la pantalla verás un desglose de cada uno de estos gastos, y así sabrás exactamente desde el principio en qué es que se está gastando tu dinero.

Así es como muestra sus gastos el informe de Morningstar Quicktake®:

Detalles del fondo	
Costo de Ventas %	
Inicial:	Ninguno
Diferido:	Ninguno
Porcentaje de gastos generales	**1.79**

Fuente: www.morningstar.com

En esta gráfica, un porcentaje de gastos generales de 1.79 significa que este fondo mutuo pagará un 1.79 por ciento de sus valores en gastos cada año. Estos no son sólo gastos del fondo, sino *tuyos* también, ya que esas facturas serán pagadas *antes* de que te paguen las ganancias a ti, si es que *quedan* ganancias. Obviamente, mientras más bajos sean los gastos de un fondo, mejor, pues así los inversionistas reciben más de las ganancias. Espera encontrar un porcentaje de gastos generales más elevado en los fondos mutuos de acciones—entre un 1 por ciento y un 1.5 por ciento—y gastos más reducidos en los fondos de bonos (approximadamente un 0.50 por ciento).

Una Clave de Regalo

Así que ahora ya estás familiarizado con las cinco claves que constituyen la segunda parte de mi sistema. Pero antes de repasarlas, quiero darte otra ayudita adicional muy útil para los inversionistas.

Cuando el mercado bursátil está subiendo, como vimos durante los locos años 90, lo más probable es que la mayoría de los fondos mutuos de acciones también suba con él en su carrera hacia ganancias sin precedente. Pero ¿qué pasa si el mercado baja desde un "toro" (*bull*, que es como se le llama en inglés a la tendencia alcista del mercado) a un "oso" (*bear*, que significa que el mercado pierde más de un 20 por ciento de su valor)? ¿No te gustaría saber cómo le ha ido a tu fondo? También para esto hay un instrumento de medición muy útil. Se llama adecuadamente *Clasificación Decil del Mercado Bajista (Bear Market Decile Rank)*.

Este número clasifica cómo cada fondo mutuo ha campeado la tormenta en los malos tiempos. Es una cifra calculada a partir de un período de cinco años; con uno como lo mejor y diez como lo peor, cualifica la actuación de cada fondo mutuo durante las tendencias bajistas del mercado de valores.

Así es como la Clasificación Decil del Mercado Bajista aparece en el informe Morningstar Quicktake®:

Medidas de inestabilidad

Clasificación Decil del Mercado Bajista   **10**

Fuente: www.morningstar.com

Esta gráfica ilustra indudablemente a uno que sólo vale como amigo durante los buenos tiempos. Pero no esperes que este fondo mutuo mantenga su valor durante un mercado de tendencia bajista.

En Resumen

Ahora ya lo sabes. Escoger un fondo mutuo se logra a través de un proceso de eliminación. Usamos instrumentos de medición tales como las cinco claves (Ganancia, Clasificación por Comparación, Clasificación por Categoría, Riesgo y Ratio) que nos ayudan a lograr esa eliminación. A final, acabamos con el fondo mutuo (o fondos mutuos) que mejor se ajusta a nuestras necesidades.

Vamos a repasarlo todo. Para evaluar un fondo mutuo tenemos que observar:

1. Cómo el fondo se ha comportado anteriormente. Observamos su *ganancia* total a lo largo de un extenso período de tiempo. Preferimos un fondo con ganancias consistentes a uno que puede tener un buen año de ganancias y un promedio negativo de ganancias a lo largo de un período de tres o cinco años.

En la pista de la ganancia total	
	% de Ganancia Total
1 año	54.57
3 años, anualizado	-4.81
5 años, anualizado	-12.51
10 años, anualizado	-6.44

Fuente: www.morningstar.com

2. Cómo la ganancia total del fondo se compara con la ganancia de sus compañeros. Miramos a su *clasificación por comparación*. Debemos buscar fondos con una *clasificación por comparación* de un 10 por ciento o menor.

En la Pista de la Ganancia Total			
	% de Ganancia Total	+/− S&P 500	% de Clasificación por Categoría
1 año	20.04	44.14	1
3 años, anualizado	16.54	14.40	2
5 años, anualizado	24.32	10.48	1
10 años, anualizado	20.23	5.81	1

Fuente: www.morningstar.com

3. Cómo el fondo encuentra un equilibrio entre la necesidad de generar ganancias y el riesgo de perder dinero. Miramos a cómo se mide en la *clasificación por categoría* de Morningstar (Morningstar® *Category Ra-*

ting™). No vamos a conformarnos con una clasificación por categoría menor de cinco.

Fuente: www.morningstar.com

4. Cómo la inestabilidad de las fluctuaciones de precio en los últimos tres años se compara con el mercado y con los compañeros del fondo, de acuerdo a la medida del beta del fondo. Miramos al *riesgo* de un fondo. Mientras más bajo sea el beta, mejor.

Estadísticas de Modern Portfolio Theory,

	Índice Standard S&P 500	Índice Mejor Ajustado Standard & Poor's Midcap 400
Beta	0.59	0.54

Fuente: www.morningstar.com

5. Cómo el fondo impone costos sobre nuestro dinero antes de que este llegue a nosotros. Miramos su *porcentaje de gastos generales* de los cargos que cobran contra sus ganancias. Busca costos que sean inferiores a un 1.44 por ciento (ese era el promedio el 18 de junio de 2001) en fondos de acciones domésticas (nacionales) e inferiores a un 1.85 por ciento (ese era el promedio el 18 de junio de 2001) en fondos de acciones internacionales.

Detalles del fondo

Costo de Ventas %	
Inicial:	Ninguno
Diferido:	Ninguno
Porcentaje de gastos generales	**1.79**

Fuente: www.morningstar.com

Regalo: Cómo el fondo ha campeado los tormentosos malos tiempos durante un mercado de tendencia bajista. Miramos a la Clasificación Decil del Mercado Bajista. Los mejores fondos tendrán una clasificación de uno o dos.

Medidas de inestabilidad

Clasificatión Decil del Mercado Bajista   10

Fuente: www.morningstar.com

¡Cómo has Progresado, mi Amigo!

Tú y Tía Hortensia han aprendido ahora todo el sistema que necesitan para encontrar el mejor fondo mutuo para ustedes entre los 12,300 fondos que andan por ahí. Si usas la diana del tiro al blanco y mis cinco claves, más el regalito de ayuda, conseguirás tu fondo triunfador. Ahora todo lo que resta es practicar el sistema, lo cual haremos juntos en el próximo capítulo. Te guiaré a través del proceso mediante el uso de la Internet.

—¡Oye, no vayas a decir que soy una vieja excéntrica que no se moderniza, pero yo de verdad que prefiero ver las cosas en papeles que en la computadora!—se queja Tía Hortensia—. Me voy a la biblioteca. ¡Te veo en el crucero!

Y como sé que practicar en la Internet no es su estilo, le decimos adiós a Tía Hortensia.

Pero aquellos de ustedes a los que les gusta la comodidad y la rapidez de la Internet, siéntense, enciendan sus computadoras y prepárense para hallar el fondo mutuo que dará alas a sus sueños.

CAPÍTULO OCHO

Y el Ganador es . . .

Había una vez un país que fue atacado por una intensa sequía. Todos los lagos y arroyos se secaron. Dos ranas que estaban buscando agua por fin encontraron un pozo. Pero no podían ponerse de acuerdo en si debían saltar adentro o no. La primera rana dijo:

—¡Uy, con la falta que nos hace el agua! Creo que debemos saltar adentro inmediatamente.

La segunda rana vaciló.

—Yo tambíen tengo mucha sed, pero ¿y si resulta que este pozo está seco? ¿Qué nos sucedería entonces?

La primera rana no le hizo caso a la segunda, brincó hasta el borde del pozo, le hizo un gesto de *sayonara* a la otra rana y saltó sin siquiera mirar. Cayó como un palo en el fondo del pozo seco. Nada de agua. Ni tampoco salida. La segunda rana se alegró de no haber saltado sin antes haber mirado.

Como vimos con la primera oleada de la manía de las OPI (u Oferta Pública Inicial, conocida en inglés como *IPO*) a finales de los 90, saltar sin pensarlo puede tener sus beneficios. Pero como también hemos aprendido en la segunda oleade, investigar las cosas a menudo nos permite añadir valor a nuestro pozo financiero y evitar quedarnos secos y sin nada. Por suerte para ti, no tienes que acabar como una rana disecada; tienes tu lista dorada, que cuenta con los factores más importantes a considerar cuando selecciones un fondo mutuo.

En este capítulo revisaremos juntos el proceso mismo de escoger un fondo mutuo, para que así puedas ver cómo todo lo que has aprendido hasta ahora se combina a la perfección para ayudarte a encontrar un fondo triunfador.

En este punto quisiera sugerirte que, si no lo has hecho ya, dediques una libreta de notas a tus actividades de inversión. De esa forma, toda la investigación que realices en este capítulo, y las notas que tomes, se conservarán en un solo lugar que te servirá de rápida y confiable referencia.

Luego, para ilustrar los pasos que estamos a punto de dar, ya que la Tía Hortensia nos abandonó, vamos a ayudar a una pareja ficticia, Tony y Amanda, a encontrar un fondo mutuo que pueda satisfacer sus metas financieras. Saca tu libreta de notas y vamos a comenzar.

Tony y Amanda

Tony y Amanda tienen poco más de treinta años y son padres de Olivia y Cloe, unas mellizas de dos años. Tony y Amanda, como otras parejas que ellos conocen, habían esperado hasta tener buenos trabajos y una casa antes de tener hijos. Las mellizas fueron una sorpresa feliz . . . pero costosa. Amanda, que es una persona práctica, piensa que Tony y ella deben empezar a hacer algo respecto al fondo de ahorros para los estudios superiores de las mellizas. Tony dice:

—Ay, pero falta tanto para eso. Estoy seguro de que con tal de acordarnos de poner un par de dólares en una cuenta de banco todos los meses, cuando llegue el momento en que Cloe y Olivia cumplan diecisiete años y estén listas para abandonar el nido, vamos a tener el dinero que les hará falta para sus estudios.

Amanda, tratando de no burlarse, le pregunta a Tony:

—¿Sabes que tan sólo la matrícula en un *college* de primera puede llegar en estos días a los $25,000 al año . . . y eso, por un estudiante solamente? Multiplica eso por dos y luego por cuatro, por cada año de estudios. Luego calcula la inflación. Para cuando las niñas estén listas para ir al *college*, vamos a necesitar unos $312,000.[1]

---

[1]Amanda usó la Tabla de Inflación del Capítulo Tres (página 38) para calcular cómo afectaría la inflación a la cantidad que ellos necesitarían en el fondo de ahorros para estudios superiores: $25,000 por año, por niña, por cuatro años es igual a $200,000. Amanda estimó una tasa de un 3 por ciento de inflación. Al cabo de quince años, a un 3 por ciento de inflación, ellos necesitarían $200,000 × 1.558 = $311,600, lo cual Amanda redondeó hasta $312,000.

Tony se quedó boquiabierto. Amanda continuó:

—Incluso si obtenemos un 5 por ciento sobre nuestro dinero, que es la tasa para una cuenta de ahorros en el banco que está la esquina, tendríamos que ahorrar $1,167[2] al mes durante los próximos quince años para alcanzar esa meta—Tony trata de no ahogarse con la empanada que se está comiendo—. Pero conozco una forma mejor—dice ella mientras saca su práctica libreta de notas sobre inversiones—. Mira, he estado leyendo un libro . . .

Haz como Amanda

Saca tu libreta de notas y dibuja tu diana de tirar al blanco en el medio de la hoja, como hago aquí, o sácala de www.JulieStav.com e imprímela:

Vamos a repasar cada anillo de este blanco con Amanda y Tony para asegurarnos de que ellos han cubierto todas sus bases.[3]

---

[2]Usando la Tabla de Inversión Mensual del Capítulo Dos (página 23), Amanda calculó que a un 5 por ciento de interés, Tony y ella tendrían que ahorrar $3.74 al mes para poder acumular $1,000. Como la meta de ellos es $312,000, dividió $312,000 entre $1,000: $312,000 ÷ 1,000 = 312. Entonces multiplicó ese número por $3.74: 312 × $3.74 = $1,166.88, lo cual ella redondeó hasta $1,167.

[3]Al practicar en este capítulo el proceso de llenar el blanco, vamos a usar la información vigente en el momento en que este libro se imprimió. Cuando vayas a usar este proceso para sacar tus propias cuentas, puede que encuentres información diferente y que tengas que escoger otras opciones. Pero lo que aprendas en este capítulo acerca de *cómo* escoger tus opciones, aún estará vigente.

Dame la *O* de *Objetivo*

—Bueno, mi amor—dice Amanda—, sabemos que nuestra meta es tener $312,000 dentro de quince años y que no hay manera alguna de lograr eso con una cuenta de ahorros. Esto nos convierte en un tipo especial de inversionistas: inversionistas de crecimiento.

Amanda le explica a Tony que como todavía faltan quince años para llegar a la meta financiera de ambos, los dos son, por encima de todo, inversionistas a largo plazo, al menos en lo que al fondo de ahorros para el *college* de Olivia y Cloe se refiere. Si tu meta es a largo plazo, como la de Tony y Amanda, este libro es el sitio perfecto para ti. En el caso de Tony y Amanda, el espacio de tiempo para alcanzar la meta y el hecho de que ellos no necesitan el dinero ahora, sino en un momento específico en el futuro, los convierte en inversionistas con un *objectivo de crecimiento*; lo de ellos es a largo plazo.

¿Cuál es tu objectivo de inversión? *Eso depende de cuánto tiempo falta hasta que necesites comenzar a gastar el dinero de tu inversión.* En el Capítulo Dos calculaste el espacio de tiempo para alcanzar tu meta. Recuerda que:

1. Si quieres alcanzar tu meta en dos años o menos, eres un *inversionista a corto plazo*. Ejemplos de esto pueden ser ahorrar para tomar unas vacaciones o comprarte un auto en dos años. En ese momento vas a necesitar obtener todo el dinero en una suma total. Tú no tienes un objetivo de inversión de crecimiento debido a que:

   a. Vas a necesitar el dinero tan pronto que no tiene sentido invertirlo, ya tú no puedes arriesgarte a lidiar con las fluctuaciones del mercado bursátil.

   b. Lo vas a cambiar por dinero todo de una vez, y el fondo no necesita seguir creciendo para que puedas recibir un ingreso mensual proveniente de su interés.

   c. Se trata de una cantidad de dinero que no es lo suficientemente grande como para que pueda generar mucho dinero en dos años, a menos que te arriesgues temerariamente, lo cual es un enfoque de inversión que no te recomiendo.

Si tu objectivo es de dos años o menos, tienes cuatro opciones de ahorro principales que aprendiste en el Capítulo Cuatro.

Si quieres llegar a tu meta en dos o cinco años, o cuando estés de dos a cinco años de distancia de lo que fue una meta a largo plazo, se te sigue considerando un inversionista a corto plazo. Sin embargo, tu objetivo es un objetivo mixto de crecimiento *e* ingreso. (Te conviene que tu dinero siga creciendo, pero como vas a poder echarle mano dentro de poco, lo mejor para ti es que coloques parte de tu dinero en fondos más estables y menos arriesgados que produzcan un poco de ingreso). Ejemplos de este tipo de meta son los siguientes: si te quedan de dos a cinco años para liquidar la deuda de una tarjeta de crédito; si estás a cinco años o menos de tu meta de un fondo de reserva para el retiro; o si estás ahorrando para acumular una entrada para la compra de una vivienda dentro de cinco años o menos. También tendrás un objetivo mixto de crecimiento e ingreso si te acabas de ganar la lotería, si obtuviste una compensación por haber sido despedido de tu empleo o si recibiste una herencia y quieres vivir de sus intereses. Sigue leyendo, pero presta mucha atención sobre todo a los Capítulos Diez y Once, en los cuales te explico cómo invertir para obtener ingreso y transformar tu estrategia de inversión mientras te vas acercando a tu meta.

2. Si quieres lograr tu meta en un período de cinco a diez años, eres un *inversionista a término medio* con un objetivo de crecimiento. Ejemplos de esto podrían ser ahorrar con vistas a un fondo de reserva para estudios superiores (lo cual también podría ser una meta a largo plazo si le quedan más de diez años para realizarse) o si te faltan cinco años o más para tu meta de retiro. En ambos casos, tu objetivo es de crecimiento, ya que tu propósito principal en el proceso de inversión es engordar el cochinillo, no producir ingreso.

3. Los *inversionistas a largo plazo* tienen una meta que desean lograr en diez años o más. Tú perteneces a esta categoría de inversionista si estás fomentado tu cuenta de reservas para el retiro y todavía te quedan más de diez años para finalizar esa meta. Nuevamente, tu objetivo es de crecimiento. Otro ejemplo podría ser que acabas de ganarte el premio mayor, que recibiste una cuantiosa herencia del Tío Abuelo Plutarco, o que te dieron un opulento cheque de compensación y quieres dejar de trabajar para vivir de los intereses de tu botín *de aquí a diez años*. Todavía sigues siendo un inversionista de crecimiento a largo plazo, y este capítulo es para ti.

4. Otra posibilidad es que no te importa cuánto tiempo te demores en llegar a tu meta, no quieres leer más ni aprender nada nuevo, estás hasta el último pelo de todo este asunto y lo único que te interesa es montarte en el tren de los fondos mutuos. Si esta situación describe tu caso, lee la sección del Capítulo Cinco acerca de los fondos indizados y los ETF, y abur.

Puede que tengas metas dentro de todas estas categorías; si ese es el caso, tengo que darte la mala noticia de que vas a tener que leerte el resto de este libro. La buena noticia es que cuando lo hagas, ¡sabrás lo que hace falta para alcanzar todas esas metas!

Vamos a regresar con nuestra pareja de treintañeros, en la parte donde Tony finalmente ha recuperado la respiración. Debido a que el objetivo de Tony y Amanda es de crecimiento, ya ellos han eliminado todos los fondos de bonos. ¿Cómo fue eso?

Los fondos de bonos (llamados también *fondos de ingreso fijo*) son corredores de distancias cortas. Amanda y Tony podrían considerarlos al ir acercándose a su meta final, pero por ahora quieren al atleta más resistente: uno que pueda correr hasta el final de una carrera larga. Y cuando se trata de carreras de larga distancia, no hay nada que les gane a los fondos mutuos que invierten en acciones. Así que nuestra pareja concentrará su búsqueda en fondos mutuos basados en acciones. Amanda y Tony llenarán el anillo del Objetivo con la palabra *crecimiento*.

¿Cuál es *tu* objetivo? ¿Es crecimiento o ingreso? Pon tu respuesta dentro del anillo del Objetivo.

Dame la *C* de *Capitalización*

Para llenar el próximo anillo del blanco, es necesario que lo investiguemos un poco. Si no tienes acceso a la Internet, puedes encontrar la información en informes ofrecidos por Value Line, Inc.; Lipper, Inc.; o

Morningstar, Inc. y que están en tu biblioteca local. Te guiaré a través de los pasos mediante el uso de la Internet.

Estos pasos exigen que escojas entre compañías de capitalización grande (*large-cap*), mediana (*mid-cap*) y pequeña (*small-cap*.)

Para poder ver cómo cada uno de estos grupos se ha comportado anteriormente, ve a www.indexfunds.com. En el subencabezamiento "Data Central," abre la ventana que se extiende hacia abajo y marca en "Index-es." En la parte superior de esta página, verás una ventana que se abre hacia abajo y que lleva el encabezamiento de "Sort by" (Arregla según); dentro de esta ventana que se abre hacia abajo, seleccionarás "3-Year Returns" (Ganancias de tres años), ya que la mayoría de los expertos consideran que este período de tiempo representa una muestra razonable de la historia reciente del rendimiento de un fondo.

Marca en los cuadritos que están al lado de "Large Cap," "Mid Cap" y "Small Cap," de modo que cada uno de estos cuadritos quede marcado. Estas son las tres categorías que tú desearías clasificar. Ignora el resto de los cuadritos y ventanas. Luego marca "Screen!" (¡Filtra!) en la parte más baja de la página.

He aquí lo que Tony y Amanda descubrieron cuando lo hicieron. **(Recuerda que tus resultados pueden ser diferentes.)**

Nombre del Índex	Categoría	3 años	1 mes	3 meses	Hasta ahora	1 año	5 años	10 años
Dow Jones Mid Cap Value	Valor	29.99	1.19	8.77	−0.20	9.40	16.88	17.35
Barra Mid Cap Value	Valor	27.84	−3.31	11.32	1.00	11.04	17.05	~
Wilshire Mid Cap Value	Valor	24.91	−0.82	10.11	0.12	8.18	15.26	18.11
Dow Jones Small Value	Valor	24.28	1.23	14.92	1.46	4.10	13.86	16.70
Wilshire Small Cap Value	Valor	23.21	−0.01	13.55	2.34	4.15	12.88	18.05
Russell 2000 Value	Valor	22.81	−0.14	13.65	2.62	4.22	12.59	17.64

Fuente: www.indexfunds.com

Mira la columna que dice Nombre del Índex. Desliza el dedo hacia abajo y escribe los primeros cinco nombres de tu lista. Tony y Amanda anotaron: Dow Jones Mid Cap Value, Barra Mid Cap Value, Wilshire Mid Cap Value, Dow Jones Small Value y Wilshire Small Cap Value.

Al mirar esta lista de índices de excelente rendimiento, Amanda nota que la palabra *mid* se repite varias veces. Eso significa que acciones *mid-caps* estuvieron durante los últimos tres años entre las cinco principales cuando se las comparaba con sus primas, las *large-caps* y las *small-caps*. Tony y Amanda van a concentrar su investigación en compañías mid-caps y a escribir la palabra *mid-cap* en el anillo de Capitalización de su blanco. Anota lo que aparece en tu lista. ¿Son en su mayoría mid-caps? ¿Small-caps? Sea lo que sea lo que aparece, es en eso en lo que vas concentrar tu investigación, *porque eso es lo que el mercado sugiere*. Sigamos ahora hacia el próximo anillo del blanco.

Dame la *E* de *Estilo*

El próximo anillo en el blanco es Estilo. Amanda sabe que eso significa que tienen que averiguar cuál estilo de inversión fue el más productivo durante los últimos tres años. Un fondo con *estilo de inversión de crecimiento* se concentra en acciones con un gran potential de ganancia. El precio de las acciones de estas compañías es por lo general más alto, ya que ellas también son populares entre otros inversionistas, pero a los fondos mutuos con un estilo de inversión de crecimiento no les importa pagar más por ellas, pues creen que esas compañías continuarán teniendo ganancias estelares. Y ganancias estelares en acciones por lo general se traduce en incrementos en los precios de las acciones.

Un *estilo de inversión de valor* se concentra en gangas, e invierte en acciones poco favorecidas en ese momento, pero que tienen un tremendo potencial a largo plazo. Las compañias de fondos mutuos que siguen esta filosofía de inversión hacen lo imposible para encontrar estas acciones en desgracia, comprar sus acciones por una bagatela y quedarse con ellas con la esperanza de que sus precios aumenten en el futuro.

Un *estilo de inversión mezclado* combina características de crecimiento y de valor. Esta compañía de fondos mutuos invierte tanto en las compañías que tienen buenas ganancias y acciones caras, como en las pobres aspirantes que el fondo cree que resucitarán cuando les llegue su hora.

Volvamos a la pantalla de la computadora. Esta vez, Amanda cuenta cuántas veces ve las palabras *valor (value)*, *crecimiento (growth)*, o *mezcla* (*blend*) entre las cinco de mejor desempeño bajo la columna de Categoría. ¿Cuál aparece más veces? Parece que el valor es el líder en este ejemplo específico, una clara señal de que el público (y otros fondos mutuos) han estado a la caza de acciones baratas. La repetición de la palabra *valor* varias veces hace pensar a Amanda que las acciones orientadas hacia el valor tuvieron las ganancias más altas durante los últimos tres años. De esto se desprende que los fondos mutuos que se concentran en este grupo triunfador también obtuvieron buenos beneficios. Por eso es que, en el anillo de Estilo de inversión del blanco, Tony y Amanda escribieron la palabra *valor*.

Hasta el momento, Tony y Amanda han logrado ya que su búsqueda se reduzca a fondos de acciones en compañías de capitalización mediana con un estilo de inversión de valor. ¿Cuáles son hasta el momento tus criterios? ¿Qué viste en tu pantalla y, por tanto, qué pusiste en el anillo de Estilo de tu blanco?

Dame la *F* de *Fondo*

Aunque hemos reducido bastante el panorama, ya es hora de examinar factores específicos. Llegó el momento de dirigirnos hacia el centro mismo de tu blanco.

Para poder identificar qué fondo mutuo es el que tiene el mejor potencial para conducirnos a nuestra meta con la menor cantidad posible de riesgo, vamos a tener que investigar un poco. La manera más fácil es utilizar el sitio web de Morningstar, Inc. para que nos guíe a través de nuestra investigación, pero si no tienes acceso a la Internet, puedes encontrar la información en los informes provistos por Value Line, Inc.; Lipper, Inc.; o Morningstar, Inc. en tu biblioteca local.

Acompaña a Tony y a Amanda cuando ellos vayan a www.morning star.com para continuar con su propia investigación. Observa la barra de búsqueda en la parte superior de tu pantalla. ¿Ves los encabezamientos principales dentro de las barritas en negro? Pasa de largo por "Portfolio"; pasa de largo por "Stocks." Marca el encabezamiento más grande que dice "Funds." Ahora ve bajando por la parte derecha de la pantalla hasta encontrar "Fund Selector" (Seleccionador de fondos). Esta es la *pantalla filtradora*, lo que quiere decir que te mostrará una lista de fondos mutuos que cumplen una serie específica de criterios.

A un inversionista que no esté bien informado no se le ocurriría qué cosa buscar, pero ese no el caso de Tony y Amanda . . . ¡ni el tuyo tampoco! Tony y Amanda hicieron su investigación y llegaron a esta pantalla bien preparados, con el conocimiento exacto de lo que querían: *el mejor fondo mutuo para inversión en valor con acciones de capitalización mediana*. A estas alturas, tú también sabes lo que quieres y has reducido el número de tus opciones. Así que vamos a dar juntos el próximo paso, usando a Tony y Amanda como ejemplo.

Esta es la forma en que luce la pantalla del Seleccionador de Fondos de Morningstar:

Establece el criterio

Tipo de Fondo	Grupo de fondos:	Todos
	Categoría Morningstar:	Todos
	Permanenecia del adminstrador más: que o igual a:	Cualquiera

Fuente: www.morningstar.com

La primera sección de la pantalla te pregunta el tipo de fondo (*Fund Type*). Las opciones son *Fund Group* (Grupo de fondos), *Morningstar Category* (Categoría de Morningstar) y *Manager Tenure* (Tiempo de permanencia del administrador).

Como no estamos buscando un tipo particular de familia de grupo de fondos—a todos se les da la oportunidad de competir—, deja esa ventana que se abre hacia abajo sólo con "All" (Todos).

Marca el menú que se extiende hacia abajo en Morningstar Category. Como Tony y Amanda están buscando un fondo de valor mid-cap, ellos marcaron "Mid Value." ("Mid Value" representa los fondos mutuos para inversión en valor con acciones de capitalización mediana). Tony y Amanda le acaban de decir a Morningstar, Inc. que ellos quieren ver todos los fondos mutuos de valor que son mid-cap. **Escoge el tipo de fondo que estás buscando.**

Sáltate la ventana del "Manager tenure greater or equal to:" (te están preguntando si quieres elegir un administrador de acuerdo al tiempo que lleve manejando el fondo). Como nosotros no conocemos a ningún administrador o administradores en específico, vamos a dejar que todos ellos compitan por tu dinero. Así que deja sólo el "Any" (Cualquiera) en esta ventana que se abre hacia abajo.

Ve corriendo la pantalla hacia arriba. Sabremos más detalles acerca de los fondos cuando avancemos dentro de cada uno de ellos, pero por ahora, queremos ordenar los candidatos según el objetivo del fondo, el estilo de inversión y el riesgo. Así que salta la sección de "Cost and Purchase" (Costo y Compra). Sigue adelante hasta que des con la sección de "Ratings and Risk" (Clasificaciones por Categoría y Riesgo). Debe lucir algo parecido a esto:

Clasificaciones y Riesgo

Revisa todas las clasificaciones por categoría que te gustaría incluir:

☼ Clasif. por categoría de Morningstar	☼ Clasif. de Morningstar
☐ ❶ Peor	☐ ★
☐ ❷	☐ ★★
☐ ❸	☐ ★★★
☐ ❹	☐ ★★★★
☐ ❺ Mejor	☐ ★★★★★
☐ Fondos nuevos, no clasificados	☐ Fondos nuevos, no clasificados

☼ Riesgo de categoría mejor o igual que: | Cualquiera ▲▼ |

Fuente: www.morningstar.com

En esta pantalla elegimos la Clasificación por Categoría de Morningstar (*Morningstar® Category Rating*™) para el fondo que hayas escogido. Si recuerdas, esta clasificación nos mostrará cómo los fondos mutuos, cualificados en una curva de ajuste, se comparan con sus compañeros en cuanto al equilibrio que logran entre sus ganancias y su riesgo.

En la Clasificación por Categoría de Morningstar la clasificación más alta posible es cinco, y la menor es uno. Nosotros estamos buscando la mejor de su clase, así que pidamos una Clasificación por Categoría de cinco. Marca el cuadrito junto al cinco circulado.

Baja en esta sección hasta que encuentres "Category risk better than or equal to" (Riesgo de categoría mejor que o igual que). Esto mide la inestabilidad negativa de un fondo mutuo cuando se compara con sus compañeros. ¿Como? En español, eso significa sencillamente que mide cómo se compara tu fondo con otros fondos similares a él cuando se trata de capear las tormentas de fluctuaciones en los precios a lo largo de su trayecto. Abre el menú que se extiende hacia abajo y marca la palabra "Low" (Bajo). A ti *no* te conviene comenzar tu investigación con un fondo candidato que va a necesitar dosis extraordinarias de Valium. La estabilidad es una cualidad sumamente bien vista entre los fondos mutuos de mejor rendimiento. Mejor para ti es que escojas un fondo mutuo que muestre un trayecto estable, y no uno que tiene alzas tremendas de precio, pero que luego se hunde en el olvido. Esto no es la ruleta rusa.

Ahora salta las secciones de "Returns" y "Portfolio," que serán discutidas en detalle a medida que reducimos nuestra lista para limitarla a los candidatos que tienen verdadero potencial. Baja hasta el fondo mismo de la pantalla. Marca "Show Results" (Mostrar los resultados). ¡Abracadabra! Lo que ves ahora es una selección de fondos mutuos que reúnen las características o criterios que habías escogido. Así lucía la lista de Tony y Amanda:

▼ Nombre del fondo	Categoría Morningstar	Clasif. de Categoría	Clasif. de Morningstar	Ganancia al año (%)	% Gastos Generales	Valores Netos %
Fondo A Mid Cap/Valor	Mid Value	⑤	★★★★★	0.37	1.25	4
Fondo B Mid Cap/Valor	Mid Value	⑤	★★★★★	-0.53	1.26	0
Fondo C Mid Cap/Valor	Mid Value	⑤	★★★★★	-0.45	1.26	1
Fondo D Mid Cap/Valor	Mid Value	⑤	★★★★★	-0.16	1.24	2,394

Fuente: Gráfica ficticia basada en información hallada en www.morningstar.com. Con propósitos de illustración solamente.

Como puedes ver, los nombres de los fondos de esta lista son inventados. He creado varios nombres ficticios para cumplir con las regulaciones de la SEC, que me prohibe recomendar ningún fondo mutuo sin haberte entregado un prospecto y sin haber establecido lo apropiado que es ese fondo para ti personalmente. Todas las organizaciones reguladoras que inspeccionan mi trabajo se enojarían muchísimo de sólo pensar que yo pudiera estar recomendándote un fondo mutuo específico sin haber dado primero los pasos necesarios para evaluar tu situación financiera particular. Y la manera de equilibrar su legítima preocupación con nuestra legítima necesidad de llegar hasta la etapa final y aprender a comparar los fondos entre ellos, es realizar el proceso de comparación usando un grupo de fondos verdaderos a los que les hemos dado nombres falsos. Tu gráfica en el sitio Web de Morningstar brindará las mismas categorías de información, pero contendrá nombres de fondos mutuos verdaderos.

Al regresar con Tony y Amanda vemos que hay allí cuatro fondos mutuos que cumplen con los criterios.

Por ahora, quiero que ignores los números de las tres últimas columnas. Primero vamos a mirar en cada informe de fondo mutuo específico para identificar las características principales de cada fondo.

Para poder tener a mano lo que hemos averiguado, vamos a hacer una tarjeta de anotación con los factores que deben se considerados. Esta tarjeta, que mantiene toda la información pertinente en un solo lugar, nos ayudará a comparar los fondos y a tomar una decisión final. Como vamos a estar usando bastantes de estas tarjetas de anotación, puedes imprimir algunas en blanco si las buscas en www.JulieStav.com, o puedes fotocopiarlas, crearlas en tu computadora o, sencillamente, dibujarlas en tu libreta de notas sobre inversiones.

Bajo "Fund Name" (Nombre del fondo), Amanda y Tony escribieron el nombre del primer fondo que van a considerar: Fondo A. En tu tarjeta, escribe el nombre de tu primer fondo. Luego, de regreso a la computadora, marca el primer fondo mutuo de tu lista. Te llevarán a informe detallado que tiene Morningstar Quicktake® para ese fondo.

¿Recuerdas las Cinco Claves?

Vamos a revisar ahora la lista de las cinco claves para encontrar el fondo mutuo ideal. La primera era Ganancia, o Ganancias Totales. Mira la barrita de búsqueda que está a la izquierda del informe de tu fondo mutuo y busca el encabezamiento que dice "Total Returns" (Ganancias Totales). La sección de la barrita de búsqueda de la izquierda luce más o menos así:

TARJETA PARA FONDOS CANDIDATOS

Nombre del Fondo	Rendimiento Total					Beta		Costos					Clasif. Decil del Mercado Bajista
	Rend. 1 año	Rend. Neto 1 año*	Rend. 3 años	Rend. 5 años	Clasif. 3 años %	Clasif. x categoría	vs. S&P 500	vs. Índex + Apropiado	Iniciales	Atrasados	Porcentaje de Gastos Generales	12 b-1	

*El Rendimiento Neto de 1 año representa el rendimiento de un año menos cualesquiera costos iniciales o atrasados. Las cifras de Morningstar para el Rendimiento de 1 año ya reflejan los costos del Porcentaje de Gastos Generales y de 12(b)1, así que no tienes que restarlos otra vez.

Ganacias Totales
> Crecimiento $10,000
> Rendimiento de
  años-calendario
> En la pista de   ⟵
  las ganancias
> Ganancias históricas
> Análisis de impuestos

Fuente: www.morningstar.com

Marca en el subencabezamiento que está debajo, "Trailing Returns" (En la pista de la Ganancia Total). En esa pantalla vas a tener la información más al día que está disponible sobre este fondo. La palabra "trailing" significa que mientras añaden nueva información, la información vieja se desecha. Por ejemplo, las ganancias totales de un año incluyen las ganancias de los doce meses anteriores, actualizadas cada mes. Esto es lo que apareció en la pantalla de Tony y Amanda:

En la pista de la ganancia total			
	Total Return %	+/– S&P 500	% de Clasificación
1 año	28.68	47.07	12
3 años, anualizado	17.34	13.85	3
5 años, anualizado	---	---	---
10 años, anualizado	---	---	---

Información hasta 13-04
Diez años hasta 31-03-01

Fuente: www.morningstar.com

Vamos a concentrarnos en las ganancias de un año, tres años (anualizadas) y cinco años (anualizadas) para tener una perspectiva clara de la estabilidad de este fondo mutuo. Recuerda: la mayoría de los inversionistas listos le otorgan más importancia a las cifras de las ganancias de tres años.

Busca las ganancias totales de un año, tres años y cinco años de tu primer fondo, y escríbelas en tu segunda tarjeta bajo el encabezamiento apropiado. (Por ahora, sáltate la columna de "Rendimiento Neto de 1 año." Pronto regresaremos a ella). Fíjate en que este fondo no tiene una ganancia de cinco años. Eso se debe a que lleva menos de cinco años en el mercado. Si sucede eso con el fondo que tienes en tu pantalla, marca un guioncito en el cuadro de ganancias de cinco años.

Nuestra próxima clave es la de Clasificación Porcentual (*Percent Rank*) de las Ganancias Totales. Encontrarás este número en la columna de la extrema derecha del informe de "Trailing Total Returns." El fondo A tuvo una clasificación de un 12 por ciento dentro de la clasificación por comparación durante el año pasado, y de un 3 por ciento durante los últimos tres años. Eso significa que las ganancias de este fondo clasificaron entre el 12 por ciento superior de todos los fondos de valor mid-cap durante los últimos 12 meses, y tuvieron una clasificación por comparación promedio de un 3 por ciento durante los últimos tres años. Tony y Amanda escribirán en su columna de "Clasif. 3 años %" de su tarjeta la cifra de 3 por ciento para tres años. Escribe la clasificación porcentual para tres años en tu tarjeta. Ya acabamos con la tabla de "En la Pista de la Ganancia Total."

Marca una sola vez la flecha de "Back" de tu buscador en la computadora y regresa a la primera página del informe de Morningstar Quicktake® de este fondo. El siguiente recuadro de tu tarjeta te pide la Clasificación por Categoría de Morningstar, la tercera clave en nuestra lista original. Busca esa sección en tu informe. Debe lucir así:

Fuente: www.morningstar.com

Si recuerdas, cuando llenamos la pantalla original de Morningstar, pedimos todos los fondos con una clasificación por categoría de cinco, así que este debe ser el número que encuentres en todos los informes que investigues. También notarás que el nivel de riesgo dice "Low" (Bajo) en todos los informes, ya que esa fue también una de nuestras opciones iniciales.

Tony y Amanda escriben en su segunda tarjeta de anotaciones la clasificación por categoría para este fondo. Ese grado es cinco. Anota la clasificación por categoría de tu fondo.

La cuarta clave es Riesgo. Mira en la barra de búsqueda de tu informe Morningstar. Bajo "Ratings and Risk" encontrarás los siguientes subencabezamientos:

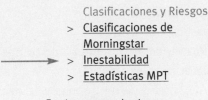

Fuente: www.morningstar.com

Marca en el enlace de "Volatility" (Inestabilidad). Esta pantalla te
mostrará lo que necesitas saber para evaluar la personalidad de tu fondo.
¿Tiene tu fondo un temperamento estable o padece de cambios de estado
de ánimo (y de precio) que pueden quitarte el sueño por las noches? Es
aquí donde el beta resulta útil. Mira esto:

Estadísticas de Modern Portfolio Theory		
	Índice Standard S&P 500	**Índice Mejor Ajustado** Standard & Poor's MidCap 400
Beta	0.52	0.47

Fuente: www.morningstar.com

El fondo mutuo de Tony y Amanda tuvo una clasificación de 0.52
cuando se comparó con las fluctuaciones del S&P 500 Index, y una de .47
cuando se comparó con el índex que más se parece a las acciones que él
tiene (el S&P MidCap 400 Index). Esto significa que la inestabilidad del
fondo en los últimos treinta y seis meses ha estado solamente una pizca
por encima de la mitad (como indica su grado de .52) de la inestabilidad
del mercado general, y un poquitín menos de la mitad (como indica el
.47) de la inestabilidad de los 400 valores que forman el S&P MidCap
400 Index. Esto clasifica a este fondo como un candidato moderado.
Tony y Amanda escriben estos dos números en los lugares apropiados en
su tarjeta. Tú también deberías escribir en los recuadros apropiados de tu
tarjeta las dos clasificaciones de beta que aparecen en el informe sobre tu
fondo.

Veamos ahora la última clave: *Ratio*, también conocido como la porción de tu ganancia que se dedica a pagar los costos que la compañía de
fondos mutuos *te cobra a ti* para invertir tu dinero. En otras palabras: ¿qué
parte del dinero producido te queda a ti para uso propio? Para eso, miramos los cuatro lugares donde cualquier fondo puede esconder los costos

que disminuirán tus ganancias. Después de todo, si van a cobrar la entrada, mejor que sea una fiesta divertida.

Marca una sola vez la flecha de "Back" de tu buscador y regresa a la primera página del informe de tu fondo.

Una vez más, en la barrita de búsqueda de la izquierda de Morningstar.com, baja hasta el encabezamiento que dice "Nuts and Bolts" (Engranajes). Debajo de ese encabezamiento, vas a ver "Fees and Expenses" (Costos y Gastos). Marca aquí. Esta es la tabla que apareció ante Tony y Amanda:

Costos y gastos

Costos de venta máximos		Proyecciones totales de costo (por $10,000)	
Inicial	Ninguno	3 años	$1101
Diferido	Ninguno	5 años	$2128
Redención	Ninguno		

Fuente: www.morningstar.com

Fíjate en que este fondo no tiene una comisión inicial (que aquí aparece como "costo inicial") ni tampoco comisiones atrasadas (aquí aparecen como "costos diferidos" o "de redención"). Tony y Amanda pueden escribir ceros en las columnas debajo de costos que corresponden a estos cargos en sus tarjetas de anotación. ¿Tiene tu fondo comisiones iniciales o atrasadas?

Si hay comisiones iniciales o atrasadas, súmalas y resta esa cantidad de la cifra de ganancias de un año que habías anotado. *Las cifras de ganancias totales del informe de Morningstar Quicktake® no reflejan estos cargos, y como tú quieres saber con cuánto dinero realmente te quedas, debes ajustar el rendimiento total para poder explicar la cantidad que pagaste.* Regresa a la columna de "Ganancia neta de 1 año" y escribe esta cantidad neta.

Nos faltan todavía dos posibles costos adicionales: la *comisión del porcentaje de gastos generales y el costo 12(b)1.* Estos también caen bajo los costos y gastos. Mira los costos reales del fondo, en lugar de los costos o comisiones máximos que *podrían* cobrarte; lo que nos hace falta aquí son datos precisos. He aquí lo que encontraron Tony y Amanda:

Costos y gastos

Costos máximos		Costos reales	
Administrativos	0.00%	12(b)1	0.00%
Empresariales	0.70%	Empresariales	0.70%
12(b)1	0.00%	Total de Porcentaje de	
		Gastos Generales	1.25%

Fuente: www.morningstar.com

Como puedes ver, no hay costo 12(b)1. Además, el total del porcentaje de gastos generales es de un 1.25 por ciento. El porcentaje de gastos generales en un informe de Morningstar se toma del informe anual del fondo y refleja *todos* los costos impuestos al fondo. Este es el gran total, incluida la comisión 12(b)1, los costos de administración y empresariales, y cualquier otra cosa en la que el fondo gastó dinero. Así que asegúrate de no contar aquí dos veces el porcentaje de gastos generales u otros costos, pues ellos ya han sido incluidos cuando ves una cifra para el total del porcentaje de gastos generales.

Escribe en tu tarjeta el costo 12(b)1 y el porcentaje de gastos generales. *Pero como ya se rindió cuenta de estos gastos antes de que Morningstar informara los totales de ganancia, no es necesario que nosotros sigamos ajustando nuestros resultados de la ganancia total.*

Es importante que te fijes en los costos de un fondo, ya que tú sólo te vas a quedar con la diferencia entre el porcentaje de la ganancia total y los costos que el fondo extrae de estas ganancias antes de pasártelas a ti. En el caso del Fondo A de Valor Medio, el fondo mutuo había tenido una ganancia total promedio por año de un 17.34 por ciento durante los últimos tres años, y su porcentaje de gastos generales fue de un 1.25. Esto significa que el fondo, realmente, dio ganancias de un 18.59 por ciento (17.34 por ciento más 1.25 por ciento). Los inversionistas sólo vieron un 17.34 por ciento reflejado en sus ganancias como resultado del costo de mantenimiento de este fondo. Es importante que tú, como inversionista, te asegures de que las inversiones en tus fondos mutuos están rindiendo beneficios *y* que los gastos generales del fondo no se están tragando estas ganancias. La forma en que una compañía de fondos mutuos controla sus costos es un buen indicio de la salud en general y la estabilidad del fondo. Averigua siempre de cuánto son las comisiones y compáralas entre ellas al considerar tus opciones de fondos mutuos.

Ya casi hemos terminado. Ahora vamos a encontrar la respuesta de la pregunta adicional acerca de nuestro fondo: ¿cómo le ha ido durante un mercado bajista o "de oso"? Este número, llamado *Clasificación Decil del Mercado Bajista (Bear Market Decile Rank)*, se calcula tomando en cuenta un período de cinco años. Marca una sola vez la flecha de "Back" de tu buscador y regresa a la primera página del informe; luego ve al encabezamiento de "Volatility" (Inestabilidad), debajo de "Ratings and Risks." Marca "Volatility"; eso te llevará a la misma página donde encontraste la clasificación beta del fondo.

Esto fue lo que Tony y Amanda encontraron con relación a la Clasificación Decil del Mercado Bajista del Fondo A de Valor Medio o Mid-Cap:

Clasificación Decil del Mercado Bajista   ---
*Búsqueda de 5 años hasta 31-3-01

Fuente: www.morningstar.com

Como no hay un número para esta línea, sabemos que este fondo no tuvo curas de rendimientos totales de cinco años. Está en el mercado desde hace menos tiempo que eso. ¿Cuál es la Clasificación Decil del Mercado Bajista de tu fondo? Escríbela en tu tarjeta de anotaciones.

¡Ahí la tienes! ¡LO LOGRASTE! Acabas de conseguir la parte más difícil de invertir en fondos mutuos: has identificado y usado los factores más importantes a considerar cuando se evalúa un fondo mutuo.

Hay muchísima información adicional en un informe de fondo mutuo. Dedica un poco de tiempo a examinar con detenimiento la descripción del fondo, sus valores (lo que el fondo mutuo posee) principales, la cantidad mínima que se exige para abrir una cuenta, cuánto tiempo hace que el administrador ha estado dirigiendo el fondo (después de todo, no te conviene encontrate con que la persona que fue responsable de producir estos maravillosos resultados se acaba de jubilar y ahora el fondo tiene un nuevo jefe, robándose el crédito de los esfuerzos del antiguo administrador), etc. Mientras más te familiarices con estos informes, será mejor para ti.

Ya es hora de que tú mismo llenes tu tarjeta de anotaciones. Llénala con toda la información acerca de los cuatro fondos principales que has encontrado como resultado de tu exploración inicial. Llena las filas de números sobre cada fondo de la misma manera en que practicaste con este primer fondo. Cuando termines, llevaremos a cabo el resto del proceso con las selecciones de fondos de Amanda y Tony para mostrarte cómo comparar tus selecciones principales y llegar a una decisión final.

He aquí cómo luce la tarjeta de Amanda y Tony:

TARJETA PARA FONDOS CANDIDATOS

Nombre del Fondo	Rendimiento Total						Beta		Costos				Clasif. Decil del Mercado Bajista
	Rend. 1 año	Rend. Neto 1 año*	Rend. 3 años	Rend. 5 años	Clasif. 3 años %	Clasif. x categoría	vs. S&P 500	vs. Index + Apropiado	Iniciales	Atrasados	Porcentaje de Gastos Generales	12 b-1	
A	28.68	28.68	17.34	-	3	5	.52	.47	0	0	1.25	0	-
B	20.00	20.00	21.65	-	1	5	.56	.56	0	0	1.24	0	1
C	22.26	16.51	23.43	4.50	1	5	.96	.96	5.75	0	1.36	.35	5
D	21.16	21.16	19.05	23.73	1	5	.53	.53	0	0	1.19	0	1

*El Rendimiento Neto de 1 año representa el rendimiento de un año menos cualesquiera costos iniciales o atrasados. Las cifras de Morningstar para el Rendimiento de 1 año ya reflejan los costos del Porcentaje de Gastos Generales y de 12(b)1, así que no tienes que restarlos otra vez.

En este punto del proceso, cuando estamos dando inicio a nuestro análisis final, necesitamos tener el prospecto de cada fondo que estamos mirando. Para eso, podemos telefonear al fondo y pedir uno, o ir a www.sec.gov/edgar/searchedgar/prospectus.htm y escribir el nombre de cada fondo. Asegúrate de imprimir el prospecto de cada fondo y leerlo. (Al revisar tus prospectos, recuerda que la información que hay en tu tarjeta refleja los precios de cierre que tuvo tu fondo el día anterior, mientras que el prospecto de tu fondo puede reflejar precios viejos de una fecha muy anterior. Esto podría explicar cualquier discrepancia que encuentres entre los resultados que han ofrecido estas dos fuentes de información.)

Un prospecto incluye información sobre cómo abrir una cuenta, cómo comprar o redimir acciones, y cómo obtener, para cada fondo en específico, servicios dedicados a orientar a los accionistas. También encontrarás el objetivo del fondo y el tipo de acciones o bonos en los cuales el fondo invierte. Y en la sección de riesgo del prospecto podrás leer si el fondo está considerado como arriesgado o cauteloso. Costos y comisiones, el rendimiento anterior del fondo y cómo planea su administración producir futuras ganancias son otros temas incluidos en este documento. Aunque el prospecto contiene información importante, si no hayas la manera de quedarte dormido harías bien en ponerte a leer uno. Te apuesto que en un dos por tres vas a caer rendido en la cama. Te recomiendo que aprendas el sistema de este libro y que uses el prospecto como complemento cuando sea necesario.

Ten en cuenta también que no se supone que la información que has anotado en tu tarjeta sea un sustituto del prospecto. La tarjeta es sólo un instrumento que te ayudará a ir filtrando tus selecciones de inversión. Debes usar *ambas* herramientas para obtener tanta información como te sea posible acerca del fondo en el cual estás a punto de invertir ese preciado dinero que tanto trabajo te ha costado reunir.

Conteo Regresivo

Tony y Amanda llevaron a cabo todo ese trabajo y llenaron su tarjeta de anotaciones. Bajaron de la Internet los prospectos de cada fondo y los leyeron. ¿Y ahora qué?

La mejor manera de escoger el fondo correcto es mediante el uso del proceso de eliminación. Primero debes eliminar el fondo que *menos* te gusta.

Examina cuán consistentes han sido las ganancias de todos los fondos que tienes en tu tarjeta de anotaciones. ¿Está la ganancia total anualizada de tres años al nivel de su ganancia total anualizada de uno y cinco años? ¿Te molesta que el fondo tenga menos de cinco años de vida? Eso no es necesariamente una mala señal, pero sí significa que no puedes tener acceso a las cifras que reflejan cómo el fondo se desempeñó a lo largo de un período más prolongado de tiempo. Esto es especialmente importante al tener en cuenta factores como la Clasificación Decil del Mercado Bajista, la cual se puede calcular solamente a lo largo de un período de cinco años. Si todos los factores son iguales, escoge un fondo que tenga mayor longevidad. Mira el beta. ¿Cuánto riesgo estás dispuesto a tomar? Y compara los costos con la ganancia total. Es posible que los honorarios más elevados se traduzcan en menos dinero en tu bolsillo.

Fíjate en que el Fondo C de la tarjeta de Tony y Amanda ha funcionado bien durante los últimos tres años, pero da la impresión de haberse hecho añicos en la columna de los cinco años. ¿Qué pasó? Mira su Clasificación Decil del Mercado Bajista. Su grado es bastante bajo para esa categoría: un 5 por ciento. Su beta, que indica el riesgo, es el más alto de todos los fondos de la lista, con una clasificación por categoría de .96. También tiene los costos más elevados, lo cual se comerá tus ganancias aun antes de que llegues a verlas. Este fondo sería el último que yo escogería de esta lista.

Por otra parte, mira los méritos del Fondo D. Su beta es uno de los más bajos, y sus ganancias se han mantenido estables a lo largo de los últimos cinco años. Clasifica en un 1 por ciento durante el mercado bajista, la mejor clasficación por comparación. Sus honorarios son los más reducidos, con un porcentaje de gastos generales de 1.19. Yo colocaría este fondo a la cabeza de mi lista.

El Fondo B no tiene ganancias de cinco años, pero se comportó bien en las ganancias de uno y tres años. Tiene un beta bajo y sus gastos están en segundo lugar entre los más bajos. Esta sería mi segunda selección.

El Fondo A tiene una buena ganancia de un año, pero eso no se considera un buen indicador del comportamiento futuro. Así que mira su ganancia y clasificación por comparación con relación a sus gastos ganancias de tres años, que son más bajas. Su beta es el más reducido de todos, pero sus ganancias de tres años también son reducidas. Este fondo se sitúa como tercer finalista en la tarjeta de Tony y Amanda.

Clasifica los fondos de tu tarjeta. ¿Qué pasa si hay dos fondos que parecen ir a la cabeza? Tal vez tengas un empate entre los dos. Sigue leyendo.

Desempates

A veces dos fondos parecen tan bueno uno como el otro. Es en esta situación donde hacen falta los desempates. Un desempate entre dos fondos buenos podría consistir en algo tan sencillo como una descalificación inmediata, pues quizás no tienes dinero suficiente para cumplir con la cantidad mínima requerida por uno de ellos. Por ejemplo, cuando Tony y Amanda leen el prospecto de lo que ellos creen que es su tercera selección, Fondo A de Valor Medio, descubren que se exige un depósito inicial un millón de dólares. Tan sólo ese hecho puede descalificar definitivamente a este fondo para muchos de nosotros; sin duda que lo descalifica para Tony y Amanda. Por eso es que resulta tan importante leer el prospecto de un fondo antes de que tomes tu decisión final.

Si quieres examinar las cualificaciones de un fondo específico, puedes revisar un informe separado de fondos mutuos si escribes en la computadora el "apodo" del fondo—o símbolo de la acción, en inglés *ticker symbol*—, en el cuadrito debajo de la columna "Investment Answers" (Respuestas a las Inversiones), que está en la parte superior de la página principal de Morningstar.

Así que regresa y escribe el símbolo de la acción de cada fondo que tengas en tu lista. Si no sabes el símbolo, teclea las primeras letras del nombre de tu fondo y aparecerá una lista de fondos entre los cuales escoger, junto con el símbolo de cada fondo.

Cuando los fondos aparezcan en la pantalla, ve al informe Morningstar Quicktake® de cada fondo. Marca el enlace "Nuts and Bolts" de la barrita de navegación (o búsqueda) que está a la izquierda de la pantalla de tu computadora. ¿Consideras o podrías considerar la compra inicial del fondo? Si no es así, descalifica a ese fondo mutuo. Fíjate en que la mayoría de los fondos exigen una cantidad mínima inicial para los IRA (Cuentas Individuales de Retiro) debido a que el dinero que se coloca en un IRA no se extrae durante un buen tiempo, por lo cual los administradores del fondo saben que pueden contar con tu dinero durante un rato. Además, la mayoría de los fondos o reducen o eliminan su exigencia de entrada inicial si estás dispuesto a suscribirte a un plan de inversión inmediata mediante el cual tu depósito es transferido de tu cuenta bancaria al fondo todos los meses. Esta información la hallarás en el prospecto.

¿De qué otra manera puedes romper un empate? Mira los valores principales de un fondo. Podrías descubrir que los dos fondos se parecen mucho en cuanto a los valores (*stocks*) que poseen. Para escoger uno por encima del otro, vete a los detalles. También puedes encontrar que un fondo en particular posee acciones de una compañía en la cual tú, por razones personales o de otra índole, no deseas invertir. Este podría ser el caso si, por ejemplo, tú quieres invertir solamente en compañías que muestran ser socialmente responsables. Trata de comparar sus betas; el factor de inestabilidad también puede hacer que un fondo quede en segundo lugar.

Independientemente de tus intereses personales, siempre tienes la posibilidad de tomar una decisión respecto a dos fondos si te basas en los detalles que encuentras sobre ellos. Como dice el dicho: la grandeza está en los detalles.

Ya Casi, Casi Llegamos

Ahora te insto firmemente a que, con tu tarjeta de clasificaciones en la mano, entres en la Internet y leas en detalle acerca de tu compañía, o que vayas a la biblioteca, como hizo Tía Hortensia. *¡Léete esos prospectos!* También puedes encontrar en Morningstar.com artículos escritos acerca de tu fondo. Dedica tiempo a sacar de la Internet toda la inofrmación posible respecto a cada uno de tus candidatos. Y toma notas. Mientras más sepas acerca de todos los fondos que estás investigando, será mejor para ti.

Por último, escoger un fondo mutuo es como escoger pareja. Puede que tengas una lista de exigencias basadas en sólidas expectativas físicas y espirituales, pero incluso cuando piensas que has conocido a la persona perfecta que cumple con cada uno de los requisitos de tu lista—esa persona única e ideal para ti—, todo, a fin de cuentas, está sujeto a una decisión subjetiva de parte tuya.

Si te preocupa llegar a casarte con un fondo que resulta no ser la pareja de por vida que pensabas que sería, no te desesperes. Aunque has tomado una decisión bien pensada y aunque un fondo mutuo representa una inversión de medio a largo plazo, puede haber razones por las que tú escogerías vender tu fondo e invertir en otro. Una de estas razones podría ser que necesitas ajustar tu estilo de inversión debido a que te estás acercando a tus metas y no es necesario que seas tan agresivo en tus finanzas. Otra razón puede ser que tus metas de inversión han cambiado (por ejemplo, tal vez de aquí a diez años Amanda y Tony descubran que realmente necesitan tener más dinero del que anticiparon para sufragar el resto de los costos de educación superior de sus mellizas, o tal vez residan en un estado que tiene un maravilloso sistema de estudios superiores y hayan que no les es necesario tener tanto dinero). Sea cual sea el caso, te corresponde reexaminar tus inversiones de vez en cuando.

Para mantenerte al tanto de tus selecciones de inversión, debes de reexaminar periódicamente tus fondos mutuos. No tienes que preocuparte por cada tos o hipo que tenga el mercado, así que no necesitas revisarlos diaria, semanal o mensualmente, como sí tienes que hacer con las acciones individuales. Pero no te olvides de actualizar tus metas financieras por lo menos una vez al año, para poder asegurarte de que los fondos que escogiste siguen satisfaciendo tus necesidades. Si de vez en cuando te recuerdas a ti mismo la razón por la que invertiste en tu fondo (o fondos) en primer lugar, garantizarás que siga vivo el romanticismo en tu relación con tu inversión de fondo mutuo. En el próximo capítulo te diré cómo llevar a cabo tu revisión periódica.

CAPÍTULO NUEVE

Cómo Asegurarte de que Vas Camino Hacia la Meta

¡Limpieza de primavera! Se te acaba de ocurrir que ahora puede ser esa época del año en la que buscas tus llaves perdidas entre los cojines del sofá y hallas suficientes restos de comida vieja como para alimentar a una familia de cuatro personas, y bastantes monedas como para comprar una hogaza de pan que sirva para acompañar la comida. De pronto notas la docena de las telarañas vacías en las esquinas del techo, y las señales de advertencia colocadas en tus clósets repletos, y las motas de polvo escondidas debajo de la cama. Sí, es esa época del año en la cual debes poner en orden tu despensa, tus clósets, tus gavetas y tu *vida*. ¡Ah, primavera!, suspiras mientras te pones los guantes de limpieza; después de todo, es tiempo de renovación.

Y renovar tu compromiso con tus metas es algo que debes hacer periódicamente. Incluso si tu maratón de limpieza consiste solamente en botar los mendrugos viejos de galletitas del fondo de tu bolsa, o en sacar el polvillo de los bolsillos de tu chaqueta favorita, es buena idea revisar tus metas financieras y los fondos mutuos que has escogido por lo menos una vez al año para asegurarte de que sigues avanzando por el camino correcto.

Y la buena noticia es que el proceso de monitorear el progreso de tus fondos mutuos es bastante parecido al que llevaste a cabo cuando los compraste.

Como todo partió de ti y tus selecciones, vamos a echarle una mirada al panorama general que tenías ante tus ojos el día en que, finalmente, se-leccionaste y abriste por primera vez tu cuenta de fondos mutuos.

He aquí una sencilla lista de limpieza primaveral que te ayudará a ha-cer un rápido inventario de dónde estabas, dónde estás ahora y hacia dón-de te diriges con cada uno de tus fondos mutuos seleccionados:

LISTA DE LIMPIEZA PRIMAVERAL

1. Objetivo

2. Ganancia total

3. Números en la tarjeta

4. Índex comparativo

5. Otros fondos

El Objetivo del Elegido

¿Cuál era tu objetivo financiero cuando abriste tu cuenta de fondos mu-tuos? ¿Sigue siendo el mismo? Si comenzaste con una meta de creci-miento, ¿estás empeñado todavía en lograr esas mismas metas a largo plazo? Si la respuesta es sí, haz una marquita junto a la palabra *objetivo* y sigue adelante.

Pero, ¿y si tu objetivo ha cambiado? ¿Qué sucede si te faltan dos años para llegar a tu meta o de dos a cinco años para el retiro? En ese caso, voy a darte un adelanto de esta práctica tabla para reequilibrar las inversiones que aparece en la próxima página.

Esta tabla te muestra cómo volver a equilibrar las inversiones de tu fondo de crecimiento. Usa la parte izquierda de la tabla, titulada "Distri-bución de la Cantidad Total Proveniente de tus Inversiones," si tienes el tipo de inversiones que exigen que se saque todo el dinero de una vez, no la que brinda un ingreso mensual salido del interés, como es un fondo de reserva para pagar estudios superiores. Usa el lado derecho, "Inversiones

TABLA DE ASIGNACIÓN DE ACTIVOS

Años que faltan para llegar a la fecha de la meta	Distribución de la Cantidad Total Proveniente de tus Inversiones				Inversiones que Generan Ingreso			
	Porción de tu inversión total en cada categoría de inversión				Porción de tu inversión total en cada categoría de inversión			
	Fondos Mutuos de Acciones	Fondos Híbridos Domésticos	Fondos de Bonos	Fondos Mutuos de Inversión del Mercado Monetario	Fondos Mutuos de Acciones	Fondos Híbridos Domésticos	Fondos de Bonos	Fondos Mutuos de Inversión del Mercado Monetario
5	1/2	1/2	-0-	-0-	1/2	1/2	-0-	-0-
4	1/3	1/3	1/3	-0-	1/3	1/3	1/3	-0-
3*	-0-	1/3	2/3	Dividendos y ganancias capitales	1/3	1/3	1/3	Dividendos y ganancias capitales
2	-0-			T-bills y/o fondos mutuos de inversión en el mercado monetario	1/3	1/3	1/3	Cualquier cantidad a la quisieras tener fácil acceso en dos años**

Abre una cuenta de fondo mutuo de inversión en el mercado monetario y comienza a recibir ganancias capitales y distribución de dividendos en efectivo en forma de depósitos directos a esta cuenta.

*** Cada año transfiere dinero de tus fondos mutuos a tu fondo de inversión en el mercado monetario tantas veces como sea necesario. Transfiere siempre a tu fondo de inversión en el mercado monetario el dinero de las cuentas que están mostrando en ese momento las ganancias más elevadas.*

que Generan Ingreso," si quisieras vivir del interés producido por una inversión, tal como un fondo de reservas para el retiro o una cantidad total considerable, como una herencia o un premio de la lotería.

En los Capítulos Diez y Once estudiaremos en detalle esta tabla y qué hacer si tu objetivo ha cambiado de crecimiento a ingreso, o de ingreso a mezcla, y cómo cambiar posteriormente tu estrategia de inversión.

Pero si aún tienes un objetivo de crecimiento, quédate ahí mismo donde estás. Todavía hay que explicar un poco más.

El Comportamiento del Elegido

¿Cómo se ha comportado tu fondo? Para obtener una respuesta a esta pregunta es necesario que calcules el *rendimiento total* del fondo. Usaremos una práctica gráfica para seguir el comportamiento de tu fondo mutuo, la cual puedes imprimir si la bajas de www.JulieStav.com; te sugiero que le pongas fecha a esta gráfica en tu libreta de notas de inversiones, para así poder comparar tus resultados el año que viene también. Toma tu calculadora y:

1. Marca el número de acciones que posees en el fondo y multiplícalas por el precio por acción más reciente (NAV). Para obtener el precio por acción más reciente, ve a www.yahoo.com. Bajo "Media," vas a ver "Finance/Quotes" (Finanzas/Cotizaciones). Marca esto. Debajo de "Yahoo! Finance" verás un cuadrito. Escribe allí el símbolo de tu fondo y marca "Get Quotes" (Obtener Cotizaciones). El precio más reciente es la cantidad que está bajo "Last Trade." Por ejemplo, si posees 150 acciones y el último precio de cierre fue de veinte dólares, tu resultado sería:

150 acciones × $20 por acción = $3,000 balance final

Escribe este número al lado del paso 1:

PASO 1: Balance final (acciones × precio por acción) $3,000

PASO 2: Total de depósitos del año

PASO 3: Ganancia (paso 2 – paso 1)

PASO 4: Ganancia porcentual del depósito (ganancia ÷ depósitos)

PASO 5: Rendimiento total del año (paso 4 × 100)

PASO 6: Rendimiento total anualizado (paso 5 ÷ años/inversión)

2. Calcula la cantidad que has depositado durante el año. Por ejemplo, si depositaste $200 al mes, el total de tus depósitos de ese año sería de:

$200 al mes × 12 meses = $2,400 depositados

Esto es lo que tienes que escribir en el paso 2:

PASO 1: Balance final (acciones × precio por acción) $3,000

PASO 2: Total de depósitos del año $2,400

PASO 3: Ganancia (paso 2 – paso 1)

PASO 4: Ganancia porcentual del depósito (ganancia ÷ depósitos)

PASO 5: Rendimiento total del año (paso 4 × 100)

PASO 6: Rendimiento total anualizado (paso 5 ÷ años/inversión)

3. Réstale ahora el total que invertiste (paso 2) al valor de tu cuenta (paso 1). La diferencia será la ganancia que tuviste ese año. Este paso debe lucir así:

$3,000 – $2,400 = $600 de ganancias

PASO 1: Balance final (acciones × precio por acción) $3,000

PASO 2: Total de depósitos del año $2,400

PASO 3: Ganancia (paso 2 – paso 1) $600

PASO 4: Ganancia porcentual del depósito (ganancia ÷ depósitos)

PASO 5: Rendimiento total del año (paso 4 × 100)

PASO 6: Rendimiento total anualizado (paso 5 ÷ años/inversión)

4. Después tenemos que averiguar qué por ciento representa esta ganancia de la cantidad que depositaste en esta cuenta. Divide tu ganancia entre la cantidad que depositaste a lo largo de este año, de esta forma:

$600 de ganancia ÷ $2,400 = .25

Completa el paso 4 con esta cantidad:

PASO 1: Balance final (acciones × precio por acción) $3,000

PASO 2: Total de depósitos del año $2,400

PASO 3: Ganancia (paso 2 − paso 1) $600

PASO 4: Ganancia porcentual del depósito (ganancia ÷ depósitos) .25

PASO 5: Rendimiento total del año (paso 4 × 100)

PASO 6: Rendimiento total anualizado (paso 5 ÷ años/inversión)

5. Multiplica este número por 100 para obtener su porcentaje. El resultado será el por ciento de tu *rendimiento total* de ese año.

$$.25 \times 100 = 25\%$$

Así es como debe lucir tu gráfica ahora:

PASO 1: Balance final (acciones × precio por acción) $3,000

PASO 2: Total de depósitos del año $2,400

PASO 3: Ganancia (paso 2 − paso 1) $600

PASO 4: Ganancia porcentual del depósito (ganancia ÷ depósitos) 0.25

PASO 5: Rendimiento total del año (paso 4 × 100) 25 por ciento

PASO 6: Rendimiento total anualizado (paso 5 ÷ años/inversión)

El ejemplo anterior muestra una ganancia o beneficio de un 25 por ciento en ese año. Por tanto, tu rendimiento total es de un 25 por ciento en un año.

6. Si has estado invirtiendo en tu fondo mutuo durante más de un año, divide tu resultado del paso 5 entre el número de años durante los cuales has estado invirtiendo. De esta forma obtendrás un rendimiento anual promedio para tu fondo mutuo. Por ejemplo, si has invertido en este fondo durante tres años, incluso si has

depositado diferentes cantidades mensualmente, divide 25 por ciento entre tres:

.25 ÷ 3 años = 8.33%

PASO 1: Balance final (acciones × precio por acción) $3,000

PASO 2: Total de depósitos del año $2,400

PASO 3: Ganancia (paso 2 – paso 1) $600

PASO 4: Ganancia porcentual del depósito (ganancia ÷ depósitos) 0.25

PASO 5: Rendimiento total del año (paso 4 × 100) 25 %

PASO 6: Rendimiento total anualizado (paso 5 ÷ años/inversión) 8 %

Es posible que cuando multipliques el número de acciones que posees por el valor actual de las acciones y calcules tu ganancia, obtengas un
número negativo; no hagas caso de eso y sigue de todos modos según los
pasos mencionados. El resultado final será un por ciento negativo, lo que
significa que tu cuenta ha perdido valor. No te atormentes. Recuerda: *Tu
meta es a largo plazo, y todos los fondos mutuos tienen sus altas y bajas en algún
momento u otro.* Aunque se siente como si te hubieran dado un puñetazo
en el estómago, esta es una fase inevitable en las inversiones en fondos
mutuos. Respira hondo y sigue adelante.

Pero si has estado con ese fondo durante un período de tres años y
durante los últimos tres a cinco años el rendimiento total ha sido mucho
más bajo que el otros fondos en la misma categoría, ¡entonces amárrate el
cinturón! Pronto vamos a discutir otras alternativas.

Revisa las Cifras de tu Fondo

Toma la misma tarjeta en blanco para fondos mutuos finalistas que usaste
para evaluar tu compra del fondo en el Capítulo Ocho y ve a www.
morningstar.com para observar tu fondo como si estuvieras invirtiendo
en él por primera vez. Teclea el símbolo de tu fondo mutuo específico en
el cuadrito debajo de la columna "Investment Answers," en la parte de
arriba de la página. Si no sabes el símbolo, teclea el nombre del fondo y la

función de búsqueda de ese sitio de la Internet debe presentarte una útil lista de nombres de fondos.

Para que te acuerdes de cómo luce, en la página 43 hay otra tarjeta en blanco para fondos candidatos que también puedes imprimir si la sacas de www.JulieStav.com.

Llena tu tarjeta de anotaciones con los números que encuentres en el informe. Vas a escribir allí tu rendimiento total (recuerda que el rendimiento total presentado en el informe puede referirse a un período de tiempo anual diferente del tuyo, así que calcula tu propio rendimiento total sirviéndote de los pasos de las páginas 122–128), los costos exigidos por el fondo, la puntuación del beta y la Clasificación Decil del Mercado Bajista, si está disponible. ¿Cómo luce todo cuando lo comparas con la tarjeta original de cuando compraste el fondo? Repito: Recuerda que debes esperar fluctuaciones en el comportamiento cuando tomas en cuenta el rendimiento a corto plazo (un año).

Si te parece que continuas en buen camino hacia tu meta, te felicito. Si no, examinaremos tus opciones dentro de unas cuantas páginas.

Revisa el Índex Reflejado por tu Fondo

Anota el índex que más se ajusta a tu fondo. Encontrarás esta información en la sección "beta" del informe Morningstar Quicktake®. (Marca "Volatility" debajo del encabezamiento "Ratings and Risk" a la izquierda de la barra de búsqueda.)

Escribe el nombre del índex apropiado en tu hoja de tarjeta de anotaciones como si fuera otro fondo. Va a www.indexfund.com. En la ventana de búsqueda de la opción "Data Central," marca "Indexes." Teclea una marca en los cuadritos al lado de la capitalización y estilo de tu fondo (por ejemplo, "MidCap" y "Growth"), y asegúrate de quitar la marca del cuadrito junto a "All Indexes" (Todos los Índices). En la caja de "Sort By," asegúrate de que dice "Index Name," y entonces marca "Screen!" Baja hasta la lista por orden alfabético de índices, hasta que encuentres el índice que mejor se ajusta. Anota los promedios de rendimientos anuales del índice para uno, dos y tres años. Al hacer esto, verás cómo se compara tu fondo con el índice que representa los valores de tu fondo. ¿Se equipara con o sobrepasa el rendimiento de tu fondo al rendimiento del índice? ¡Lo mejor sería que la respuesta fuera *sí*!

TARJETA PARA FONDOS CANDIDATOS

Nombre del Fondo	Rendimiento Total					Beta		Costos				Clasif. Decil del Mercado Bajista
	Rend. 1 año	Rend. Neto 1 año*	Rend. 3 años	Rend. 5 años	Clasif. 3 años %	Clasif. x categoría	vs. S&P 500	vs. Índex + Apropiado	Iniciales	Atrasados	Porcentaje de Gastos Generales	12 b-1	

*El Rendimiento Neto de 1 año representa el rendimiento de un año menos cualesquiera costos iniciales o atrasados. Las cifras de Morningstar para el Rendimiento de 1 año ya reflejan los costos del Porcentaje de Gastos Generales y de 12(b)1, así que no tienes que restarlos otra vez.

Si la respuesta es un estrepitoso no durante los tres a cinco años, entonces esto es una confirmación de que tu fondo puede estar perdiendo fuerza. Espérate, que te vamos a presentar algunas soluciones.

Pregúntales a los Vecinos de tu Fondo

¿Recuerdas cómo encontraste otros fondos dentro del mismo tamaño y estilo de inversión en la lista de Morningstar? Te conviene hacer eso nuevamente para ver cómo otros fondos que invierten en el mismo tipo de valores o acciones en los que invierte tu fondo se están comportando, para así poder comparar los resultados.

Ve a www.morningstar.com y marca la opción "Fund Selector" debajo de "Funds" en la barra de navegación. Debajo de "Fund Type" marca la ventana que se extiende hacia abajo junto a "Morningstar Category" y escoge la capitalización y estilo que describen tu fondo (por ejemplo, *mid-value* [mediano y de valor,] *large growth* [grande y de crecimiento] etc.). Marca "Show Results" (Muestra los Resultados). Revisa la lista por "Performance" (Comportamiento) y marca en el encabezamiento del rendimiento de 3 años (%). Mira a otros fondos que tienen la misma capitalización y estilo que el tuyo. Fíjate en los rendimientos de tres, seis y diez años. ¿Hay fondos que se hayan comportado mejor que los tuyos de forma consistente? Si es así, busca el beta y la clasificación por categoría de esos fondos. ¿Están tomando ellos más o menos riesgos con el dinero de sus inversionistas que el tuyo?

Lo que importa aquí es la frecuencia con que otros fondos superan los rendimientos del tuyo. Si ves varias veces que el fondo X se desempeñó mejor que tu propio fondo durante los últimos doce meses, tres años y cinco años con *menos* riesgos, según lo indica su beta, eso podría ser un indicio de que el fondo X merece que se lo examine más de cerca.

Aunque puede ser tentador cambiar de cuentas cuando ves que algún otro fondo está prosperando mientras el tuyo parece estar en hibernación, resiste la tendencia de mariposear de fondo en fondo. Si tomaste una decisión de abrir una cuenta con tu fondo mutuo sobre la base de una investigación concienzuda, es necesario que aprendas a no dejarte cautivar por esos fondos inútiles que pueden brillar mucho, pero sólo por un corto tiempo. Lee de nuevo el prospecto de tu fondo. Revisa otra vez la tarjeta del fondo que fue tu primer candidato.

Releer el prospecto puede parecer repetitivo a estas alturas, pero es una buena idea refrescar tu mente respecto a cuál es el objetivo del fondo mutuo y cuál es ahora tu propio objetivo. No te sorprendas si encuentras algo interesante que leer en este engorroso documento. Mientras más te familiarices con la manera en que funcionan tus fondos, más detalles importantes recordarás acerca de ellos. Lee respecto a los riesgos de tu fondo y sobre lo que están planeando los administradores para generar ganancias. Tal vez el fondo está comenzando a realizar transacciones arriesgadas. Eso podría ser una señal de alerta que te indica que es tiempo de cambiar de rumbo.

Si todos los años te vuelves a familiarizar con tus fondos, lograrás un entendimiento muy preciso acerca del progreso de tu fondo mutuo. Los beneficios de esta práctica consiguen mucho más que reconfirmar tu decisión de inversión del principio. Esta práctica también te presenta otras posibles alternativas de inversión que quizás has obviado, y otras nuevas que pueden haber entrado al mercado y que podría valer la pena investigar.

Cuando hayas revisado el comportamiento de tu fondo mutuo y confirmado tus metas, te sentirás más compenetrado con tus inversiones. Con el paso del tiempo, sentirás que has realizado que es esencial para ti. Estás logrando, a través de esfuerzo, disciplina y persistencia, que se lleve a cabo lo que sueñas. ¡Ese es el secreto para triunfar en las inversiones!

Pero, ¿qué haces si tres o más de las cinco marcas de referencia de la limpieza primaveral señalan que tu fondo huele peor que una mofeta? Tápate la nariz, que la respuesta está en la próxima sección.

Cuándo Debes Irte con tu Música a Otra Parte

Si los rendimientos totales de tu fondo se han quedado a la retaguardia durante un período de tres años, examina tus opciones con una nueva perspectiva.

Ve a www.indexfunds.com y revisa nuevamente el comportamiento de tres años de los índices.[1] Si has invertido en mid-caps, ¿sigues viéndolos aparecer en tu lista entre los cinco primeros fondos? Si el estilo de tu fondo es de valor, ¿es el valor un contendiente popular en estos cinco índices principales? Si la respuesta es no, anota aquellos que están a la cabeza, y sigue el mismo proceso de eliminación que seguiste cuando, al principio, invertiste en este fondo mutuo que ahora se ha echado a perder. Lo que tendrás que hacer en este punto, si tu objetivo permanece igual, es regresar al Capítulo Ocho y reinvestigar fondos, comenzando desde abajo y mediante el uso de una tarjeta de anotaciones en blanco. Luego, compara tus fondos candidatos originales con el nuevo.

Si los rendimientos totales son mejores en un nuevo fondo, mientras que la clasificación beta es la misma o quizás hasta más baja, es hora de considerar seriamente una separación legal de tu selección inicial. Puedes decidir dejar de invertir en el primer fondo y abrir otro, o vender el primer fondo y reinvertir el dinero en una nueva selección. Ten en cuenta que si te sales de esa manera de tu programa de retiro, la venta de tu primer fondo va a repercutir en tus impuestos. Consulta con tu contador antes de tomar esta decisión, ya que él/ella puede sugerirte que lo hagas durante un período del año en específico, para así minimizar las consecuencias impositivas sobre tu panorama financiero en general.

¿Cómo Fue que Dijiste?

Para confirmar, esta es la lista de limpieza de primavera que tienes que usar cada año:

1. *Revisa el objetivo: ¿crecimiento o ganancia?* Si sigue siendo el mismo objetivo del año anterior, continúa con los siguientes pasos. Si tu objetivo ha cambiado de crecimiento a ganancia, salta hasta el Capítulo 10.

---

[1]Para averiguar qué índices van a la delantera, ve a www.indexfunds.com. En la mitad de la pantalla verás "Data Central" en verde, seguido de "Jump to:" con una ventana que se extiende hacia abajo. Escoge "Indexes" y marca el "Go!" Señala los cuadritos junto a "Large Cap," "Mid Cap" y "Small Cap," y pon una marquita en cada uno. Quita la marca del cuadrito que está junto a "All Indexes." En la ventana que se abre hacia abajo, junto a "Sort by," escoge "3-Year Returns." No hagas nada más. Baja hasta el "Screen!" y márcalo. (Si quieres ver solamente los fondos de tamaño de capitalización en específico, marca sólo ese cuadrito y no los otros dos.)

2. *Calcula el rendimiento total.* Usa la gráfica de seis pasos que se muestra en las páginas 138–141. ¿Es tu rendimiento total más alto o más bajo que el rendimiento total del año pasado? Si has estado invirtiendo en el fondo durante un año solamente, no tomes todavía la decisión de cambiarlo. Espera hasta haberlo tenido por lo menos tres años antes de decidirte a darle al fondo un beso de despedida.

3. *Saca las cuentas otra vez mediante la tarjeta de anotaciones para los fondos finalistas.* Ve a www.morningstar.com y examina las señales de vida de tu fondo mediante la revisión de lo siguiente:

a. Rendimiento total. Recuerda que estos son los rendimientos totales que se publican en los informes del fondo mutuo, y pueden representar diferentes fechas de comienzo y cierre que las tuyas; por tanto, el rendimiento de esos informes puede ser diferente de los resultados que obtuviste en el paso 2. Por ejemplo, puede que hayas visto el rendimiento total de tu cuenta individual de agosto a agosto, mientras que los informes del fondo muestran los resultados de mayo a mayo.

b. Costos

c. Beta

d. Clasificación Decil del Mercado Bajista (si la hay)

Lo que tienes que preguntar aquí es: ¿Cómo se ha comportado mi fondo cuando se compara con el informe del año pasado? ¿Ha subido el rendimiento total, o estamos pasando por una tendencia bajista? ¿Son los costos más elevados o más bajos que los del año pasado? ¿Ha tomado el fondo más riesgos y ha sido más inestable que antes? ¿Ha cambiado la Clasificación Decil del Mercado Bajista? Te repito: No lo juzgues hasta que hayas estado con ese fondo por lo menos tres años.

4. *Revisa el índex que refleja tu fondo.* Ve a www.indexfunds.com. En la sección "Indexes" puedes averiguar si los rendimientos de uno, dos y cinco años de tu fondo son iguales o superiores a los del índice. Si la respuesta es sí, que es igual o superior, tu fondo va por buen camino.

Si luce que tu fondo se está quedando a la retaguardia de su índice representativo *a lo largo de esos períodos de tres años*, presta mucha atención al paso siguiente para ver cuáles podrían ser los nuevos líderes.

5. *Pregúntales a los vecinos de tu fondo.* Ve a www.morningstar.com y usa el "Fund Selector" para determinar cómo es que les está yendo a otros fondos parecidos. Aquí hay que hacer dos preguntas: ¿Son sus rendimientos totales (de uno, dos y tres años) y sus clasificaciones beta más altas o más bajas que los de tu fondo? ¿Están arriesgándose más o menos que tu fondo? Si ves que luego de tres años más o menos, un fondo que no es el tuyo sigue mostrando un excelente desempeño una y otra vez, podrías considerar a este nuevo fondo como tu candidato principal, y es posible que sea conveniente efectuar un cambio en tus valores de fondos mutuos.

Ahora que ya sabes hacer un estudio de cómo ha ido funcionando tu fondo desde que lo creaste hasta ahora, para asegurarte de que sigue en el camino que te has trazado, ¿qué haces si tu objetivo ha cambiado? Sigue leyendo. En el Capítulo 10 vamos a ver qué hay que hacer si necesitas dinero . . . con urgencia.

CAPÍTULO DIEZ

Prepárate para ir Frenando

Imagínate ahora que, si has puesto en práctica el sistema que aprendiste en este libro, te estás dando palmadas de felicitación tan fuertes en la espalda que casi te partes el brazo. ¡Y claro que te lo mereces!

Conseguiste mantener tu parte del compromiso e invertiste religiosamente todos los meses en tu cuenta de fondos mutuos. Hasta ahora, tu objetivo de inversión ha sido crecimiento. Estabas interesado en el valor futuro de tu cuenta y no en recibir un ingreso, y tú sabías que los fondos mutuos basados en acciones, con el tiempo, rinden mejores beneficios que cualquier otro tipo de inversión. A estas alturas, ya llevas años invirtiendo y has pasado por momentos difíciles en el mercado de valores, momentos en los que fue sumamente tentador dejar de tirar dinero dentro de lo que en ocasiones parecía un barril sin fondo. Pero perseveraste y, a pesar de las inevitables tormentas durante el viaje, te mantuviste firme, con la certeza de que la única forma de ganar en el juego de los fondos mutuos era mantenerse fiel a los amigos en las buenas y en las malas.

Sí, tomar el control de tu vida financiera al hacer inversiones buenas y sólidas, y verlas crecer, te hace sentir el poder de conseguir lo que deseas . . . y no mencionemos lo lucrativo que resulta.

Pero llega el momento en que, por fin, te acercas cada vez más a tu meta financiera. Cuando llega ese momento, y te faltan sólo de dos a tres años para alcanzar tu meta, tu objetivo cambia necesariamente. Si antes tenías un objetivo de crecimiento porque te hacía falta que tu dinero aumentara lo más rápidamente posible, ahora tienes un objetivo que es una mezcla de crecimiento e ingreso: necesitas comenzar a recibir ingreso ahora o dentro de poco, o necesitas proteger la suma total de dinero que pronto vas a tener que cambiar en dinero en efectivo. O tal vez acabas de recibir un montón de billetes (vas a extrañar a Tío Pepe, pero los millones que te dejó te permitirán tener un retiro elegante), y quieres invertir ese dinero de manera que pueda comenzar a generar ingreso de inmediato.

Sea cual sea tu caso, es hora de volver a trazar tu plan de vuelo.

Tu Objetivo es Ingreso: Ahora o Dentro de Dos a Cinco Años

¿Quiénes pertenecen a este grupo? Los inversionistas de mediano o largo plazo que están a cinco años de alcanzar su meta, como son aquellos que están invirtiendo para tener reservas para el retiro o para acumular una suma total en un fondo de estudios superiores o para costear una boda; los inversionistas que han obtenido una cantidad total grande y quieren vivir de los intereses que ella produce; y los inversionistas a corto plazo que van a necesitar el dinero de aquí a dos años.

Todos los inversionistas que pertenecen a este grupo tienen la necesidad de aprender acerca de tipos de fondos mutuos más conservadores. Ya sea que estés haciendo la transición hacia la obtención de ingresos, o que estés avanzando directamente hacia la obtención de ingresos, es necesario que aprendas a asignar o reasignar los fondos de tu cartera de inversiones. En sencillo español, eso significa que en lugar de invertir en fondos mutuos que avanzan por el camino más arriesgado hacia las ganancias más elevadas posibles, es necesario que inviertas más en una combinación de acciones arriesgadas y acciones más seguras, y tal vez hasta en algunas que avanzan a paso de tortuga.

Este proceso es el mismo que seguimos cuando nos acercamos a un signo de PARE en el camino. Anticipamos su proximidad y comenzamos a ir más despacio al ir acercándonos. No puedes esperar ir de sesenta y cinco a cero millas por hora con un solo desacelerón . . . a menos que quieras que se te desarregle la columna vertebral. En la jerga de las inversiones, esta transición se llama *reasignación* (en inglés, *reallocating*). Pero antes de que puedas hacerlo, tienes que aprender acerca de las opciones de fondos mutuos más conservadoras y *productoras de ingreso* que están a tu disposición.

Hay numerosos fondos que generan ingreso entre los que puedes escoger, pero nos concentraremos en unos pocos que te brindarán la habilidad de reducir la velocidad cuando te vayas acercando a tu meta financiera.[1]

Fondos que Resisten los Embates

Los autos deportivos son famosos por su velocidad y por su rápida respuesta a las condiciones de la carretera. Cuando enciendas una de esas bellezas, amárrate el cinturón de seguridad y prepárate para experimentar el viaje. Cada curva y cada bache se acentúan mientras sientes cómo tu bestia mecánica se enfrenta a los desafíos del camino. Los autos de lujo, por otra parte, se enorgullecen de un recorrido tan suave que incluso a sesenta millas por hora, si crees lo que dicen sus anuncios, puedes servir champán en una copa mientras estás encaramado en el capó del vehículo ¡sin que se derrame ni una gota!

Todo esto quiere decir que el viaje con fondos de acciones es igual que el recorrido en un Porsche, mientras que estas opciones que generan ingreso ofrecen un paseo más parecido al de un Lincoln Town Car, ya que tienden a amortiguar la inestabilidad del mercado de acciones y a suavizar los baches mejor que los fondos de acciones.

Debido a eso, puede que las siguientes opciones no sean capaces de competir en el campo del rendimiento total, pero sí brindan un reconfortante alivio en cuanto al beta . . . un alivio que puede permitirte dormir mucho mejor por la noche cuando vas acercándote a tu meta financiera y comienzas a ver símbolos de dólares de tus sueños.

---

[1]Algunos de ustedes deben estar pensando ahora: "Pero yo soy un inversionista agresivo con suficiente aguante como para enfrentar la inestabilidad. Estoy dispuesto a enfrentarme al sube y baja del mercado hasta el día en que retire." Me alegro por ti, pero ¿has considerado alguna vez qué pasaría si el mercado se pone feo el día antes de retirarte? Podrías estar obligado a vender algo con pérdidas para poder obtener el ingreso que necesitas para vivir. Como *no* invertimos para perder dinero, y como queremos evitar esta desagradable situación, comenzamos a hacer la transición de nuestros fondos y a reasignarlos cuando faltan cinco años para llegar a nuestra meta.

Fondos de Bonos

Puede que tu familia se impresione al oírte hablar durante la cena de la capitalización de tu fondo de acciones o su estilo de inversión, pero es poco probable que paren de comerse el bisté cuando te oigan mencionar la duración o cualidad de tus bonos. Es que, sencillamente, los bonos no son criaturas glamorosas.

Sin embargo, los fondos mutuos de bonos pueden ofrecer una estabilidad adicional cuando se colocan unos cuantos dentro de tus opciones de inversión al ir acercándote a tu meta.

¿Qué son fondos de bonos? Son aquellos fondos mutuos que prestan su dinero, en lugar de invertirlo.

—¿Que quieres decir?—exclamas asombrado.

Lo que quiero decir es que los fondos de bonos toman el dinero de los inversionistas y luego lo prestan a otras compañías. Los que prestan dinero a empresas se llaman *bonos corporativos (corporate bonds)*. Cuando prestan dinero al gobierno, se llaman *bonos gubernamentales (government bonds)*.

Históricamente, los fondos de bonos han ido a la retaguardia de las ganancias de sus parientes más sofisticados, los fondos de acciones; sin embargo, los fondos de bonos ofrecen un oasis durante esas épocas en las que el mercado de valores está pasando por correcciones. Como no sabemos cuánto pueden durar estas correcciones, los fondos de bonos pueden suavizar el impacto de las bajas del mercado.

Los inversionistas en bonos no participan directamente de los beneficios del crecimiento de una compañía. Tú, como inversionista en fondos de bonos (o dueño de bonos), has prestado dinero a una corporación y, como prestamista, ganarás interés sobre tu dinero. Entretanto, si la compañía tiene éxito y el precio de sus acciones sube, el valor de tu bono *no* aumenta con el precio de la acción. Sin embargo, mientras que los inversionistas en acciones están a la espera de cobrar un precio más alto por sus acciones en algún momento del futuro, ya tú estás recibiendo de forma regular pagos periódicos de tus bonos. Estás sacrificando las futuras ganancias potenciales con tal de obtener algún dinero en el presente. Así es como funciona esto.

¿Recuerdas cómo usamos el S&P 500 Index como marca de referencia para medir los rendimientos del mercado de valores de Estados Unidos? Pues bien, los fondos de bonos también tienen su representación, y existe igualmente un índex para bonos: Lehman Brothers Bond Indexes. Estos índices evalúan el crecimiento de los bonos en diferentes categorías.

He aquí una imagen que indica cómo se han comportado los fondos corporativos y de bonos durante los últimos quince años cuando se comparan con los fondos de acciones. Como puedes ver, los sube y baja del mercado de valores son como picos y valles a lo largo de la línea superior, mientras que las dos líneas paralelas del medio—aquellas que pertenecen a los bonos corporativos y los del gobierno—dan muestra de un trayecto más tranquilo. Así es la vida de un bono. No hay bombos y platillos, pero tampoco depresiones.

Un fondo de bonos puede o no estar sujeto a impuestos. Los bonos corporativos y del gobierno están, por lo general, sujetos a impuestos, lo que significa que tanto el dividendo que se paga (si lo hay) como las ganancias capitales (si las hay) están sujetos a impuestos federales, estatales y locales. Por otra parte, en los bonos municipales, los cuales son emitidos por entidades de los gobiernos estatales y locales, el interés ganado está generalmente libre de impuestos federales sobre el ingreso, y en algunos casos también está libre de impuestos estatales y locales.

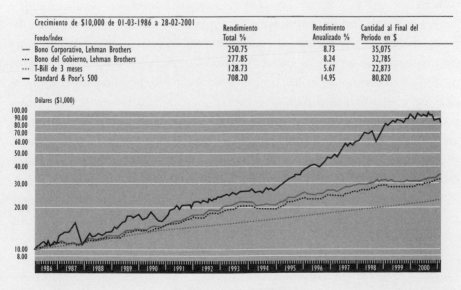

Crecimiento de $10,000 de 01-03-1986 a 28-02-2001 Fondo/Index	Rendimiento Total %	Rendimiento Anualizado %	Cantidad al Final del Período en $
— Bono Corporativo, Lehman Brothers	250.75	8.73	35,075
··· Bono del Gobierno, Lehman Brothers	277.85	8.24	32,785
··· T-Bill de 3 meses	128.73	5.67	22,873
— Standard & Poor's 500	708.20	14.95	80,820

Fuente: 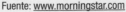 www.morningstar.com

Características de los Bonos

Todo bono tiene una fecha de vencimiento (*maturity date*), la cual no es más que el momento en que se devuelve la cantidad original que el inversionista o el fondo mutuo le prestó a la compañía. Si inviertes en un bono directamente, le estás prestando el dinero a la compañía, recibes interés mientras el préstamo no se haya pagado y recibes la cantidad prestada al final del término. Cuando inviertes en un fondo de bonos, la compañía de fondos mutuos es la que le está prestando el dinero a la organización corporativa o gubernamental, la que recibe el interés y la que recibe todo el dinero de vuelta al final del término del préstamo. El interés y las ganancias (o pérdidas) se te pasan a ti como inversionista que eres del fondo, pero tú no tienes que preocuparte de la fecha de vencimiento de cada fondo, ya que estás invirtiendo indirectamente en ellos, a través de la compañía de fondos mutuos. Tú eres dueño de las acciones de un fondo, pero los bonos no son propiedad directa tuya.

Todo bono tiene también una tasa del cupón, que es el dividendo (o interés) que la compañía paga a quien presta el dinero durante el período del préstamo. Repito: Si compraste un bono directamente, tú serás quien reciba el interés a lo largo del tiempo; si invertiste en bonos a través de una compañía de fondos mutuos, es el fondo quien recibe los pagos del interés, y luego te los pasa a ti, el inversionista del fondo.

Cuando un fondo mutuo invierte en bonos, posee muchos bonos diferentes de diversas entidades con diferentes fechas de vencimiento y tasas de cupón. Como tú estás invirtiendo en la compañía de fondos mutuos y no comprando los bonos mismos, no tienes que lidiar con fechas de vencimiento ni pagos de interés. Tu dinero proviene del fondo, no de los bonos directamente. Las compañías de fondos mutuos publican en sus informes de fondos mutuos el *promedio* de la fecha de vencimiento y el *promedio* de las tasas del interés de todos los bonos que poseen. Estos dos promedios brindan la información que usamos para evaluarlos.

Comportamiento: Cómo Juzgar los Fondos de Bonos

Hay dos factores que afectan el comportamiento o desempeño de los bonos: la *duración* y la *calidad de crédito*. La duración (o término) refleja cuánto tiempo tienen las compañías del fondo para saldar sus préstamos, y la calidad de crédito se refiere a la habilidad de esa compañía para manejar y reembolsar el préstamo.

Vamos a hablar primero de la duración de un bono y cómo afecta al precio del bono. Según Morningstar, Inc., la duración viene en tres sabores en los bonos sujetos a impuestos: duración a corto plazo (en la cual el promedio del término de los préstamos del fondo es de menos de 3.5 años), duración de término medio (el promedio es de 3.5 a 6 años) y duración a largo plazo (el promedio es de más de 6 años).

Mientras más largo sea el período de duración de un préstamo, más pueden demorarse las compañías en reembolsar el dinero que le deben al fondo. Mientras más tiempo pase entre el momento en que se haga el préstamo y el momento en que el préstamo tenga que pagarse, más posibilidades hay de que las tasas de interés puedan subir o bajar. Y las tasas de interés afectan directamente el precio de un bono. Los precios de los bonos, igual que los precios de las acciones, pueden subir o bajar.

Las tasas de interés crecientes son el peor enemigo del precio de un bono, ya que ellas afectan *inversamente* el precio o *valor* de un bono. Eso significa que cuando las tasas de interés aumenten, el valor de tus fondos bajará; cuando las tasas de interés se reduzcan, el valor de tus fondos subirá.

Según Morningstar, Inc., una buena regla práctica es que si un fondo tiene una duración de cinco años, puedes esperar que gane un 5 por ciento si las tasas de interés *bajan* un punto porcentual; y también puedes esperar que pierda un 5 por ciento si las tasas de interés *suben* un punto porcentual. Así que un fondo de bonos con un período de duración de cuatro años debe ser dos veces más inestable que un fondo de bonos con una duración de dos años.

Todo esto quiere decir que mientras más larga es la duración de cada bono en un fondo de bonos, mayor es el riesgo de que tal vez la deuda no sea saldada a tiempo o en su totalidad, y más posibilidades tienen los intereses de fluctuar hacia arriba o hacia abajo, lo cual, a su vez, implica que hay más posibilidades de que el precio del bono pudiera fluctuar de manera significativa.

Debido a esta reacción inversa a las tasas de interés, y al hecho de que mientras más demora la fecha de maduración más posibilidades hay de que fluctúen las tasas de interés, *es más lógico, a estas alturas del juego, que invirtamos en fondos mutuos que compran bonos de corta duración, de tres a cinco años.* Te estás acercando al día de la liberación, cuando vas a convertir en dinero en efectivo tus fondos de bonos . . . y mientras menos inestabilidad haya, mejor.

Revisa siempre el informe de fondos mutuos para ver la duración de los bonos que lo componen. Mientras más breve sea la duración, menos inestables serán los precios de los bonos, y menos posibles situaciones se le presentarán a tu administrador en las que tenga que vender bonos a un precio inferior para poder generar dinero en efectivo para el fondo.

Hablemos ahora de la calidad del crédito. Esto está relacionado con la habilidad que tiene una compañía que emite bonos para liquidar una deuda. Si tu cuñado estaba desempleado, no ha tenido trabajo durante cinco años y te pidió un préstamo, tú probablemente lo pensarías dos veces antes de entregarle el dinero. Pero si tu hermana—una persona confiable, digna de confianza y con un empleo desde hace tiempo—te pide un préstamo para cubrir una emergencia de corto plazo, tú quizás estarías más dispuesto a darle el dinero para sacarla del apuro. El mismo concepto se aplica a los bonos: esas compañías que tienen una trayectoria sólida clasifican mejor que aquellas que están pasando por una mala racha o son demasiado nuevas para tener un buen récord.

¿Cómo determinas la salud financiera de las compañías que ofrecen bonos? Pues mirando las empresas que clasifican la calidad de cada compañía y su habilidad para saldar sus deudas.

Dos de las más populares firmas de clasificación crediticia son Moody's y Standard & Poor's. Estas firmas examinan cuidadosamente la declaración financiera de una compañía para determinar su habilidad para reembolsar a sus bonistas, o poseedores de bonos. Después de revisar cuidadosamente todas las cifras, los bonos reciben una clasificación en letras: AAA es la más alta clasificación posible y D es la más baja.

Los bonos con clasificaciones como AAA, AA, A (en orden descendente) y BBB tienen muy buenas posibilidades de que los pagos de principal y dividendos sean realizados por la corporación que emitió los bonos, independientemente de si te deben el dinero directamente a ti como inversionista individual o al fondo mutuo en el cual invertiste. Estos bonos predilectos son considerados como *bonos de calidad apropiada para inversiones prudentes* (en inglés: *investment grade*). Nada que tenga clasificación de BB,B, CCC, CC o C se considera *investment grade*. Estos bonos son *bonos de calidad inferior* (o *junk bonds*, que literalmente significa *bonos basura*). Un bono clasificado D ya está generalmente atrasado en el pago de sus préstamos. ¡Qué desastre!

¿Por qué alguien en sus cabales va a invertir en un bono de calidad in-

ferior? Pues porque estos bonos ofrecen pagos de dividendos más elevados para atraer a los inversionistas. Muchos inversionistas están dispuestos a correr mayores riesgos al invertir en bonos de calidad inferior para
así poder cobrar dividendos elevados. Míralo de esta manera: ¿Has visto
en las películas cuando los gángsters usureros compran la deuda de un
pobre infeliz y le dan más tiempo para que la pague, pero a cambio de esto lo obligan a pagarla a un interés que convierte la cantidad original en
una cifra diez veces más alta? Los bonos basura son algo parecido. Si eres
tú quien posee el préstamo original y te lo van pagando, puedes obtener
muchísimo dinero. Pero por otro lado, el pobre infeliz podría morirse de
un infarto debido a toda la ansiedad que le produce tener que lidiar con
los bandidos, y luego hay que pensar que los gángsters se quedarán en el
aire sin cobrar lo que se les debe.

Esta es la razón por la que siempre debes examinar la calidad de los
bonos de tu fondo mutuo. No te dejes cegar por los dividendos, aparentemente altos, que está pagando el bono. Podrías acabar como dueño de
un pagaré que no vale ni el papel en que está escrito.

El Último Jugador del Juego

Antes de pasar al proceso de evaluar fondos mutuos de bonos, vamos a
echarle una mirada a otro tipo más de fondo cauteloso y generador de ingreso: *los fondos híbridos*.

No, estos fondos no son parte de un extraño experimento científico.
Los fondos híbridos son aquellos que invierten en acciones, bonos y bonos convertibles.

—Por favor, repítelo de nuevo para que la cabeza acabe de darme
vueltas como un trompo—comienzas a quejarte.

Está bien, vamos más despacito. Ya tú sabes invertir en acciones. Ya
tú sabes invertir en bonos. Pero ¿qué rayos son los bonos convertibles?
Lo único que tienes que saber es que los bonos convertibles son aquellos
que padecen de una crisis de identidad. Aunque nacen como bonos, estos
tipos pueden, en un momento determinado, dejar de ser bonos y cam-
biarse por acciones a un precio establecido de antemano. Los inversionistas en bonos convertibles sienten que esto es como poder oír misa y
andar en procesión al mismo tiempo. Ellos reciben pagos de intereses de
los bonos y, en algún momento en el futuro, pueden decidirse a convertir

esos bonos en acciones o valores. Estos inversionistas necesitan saber si (y cuándo) tiene sentido hacer la conversión a acciones. Aquí es donde, de nuevo, los administradores de fondos mutuos se ganan el pan de cada día, ya que ellos toman todas esas decisiones diarias a nombre y en beneficio de quienes han invertido en esos fondos.

¿Por qué existen los fondos híbridos? Porque al invertir en acciones y en bonos y en bonos convertibles, los fondos mutuos híbridos intentan conservar la habilidad de mostrar un crecimiento en el futuro, al tiempo que brindan ingresos en el momento actual. En otras palabras: manejando todos estos tipos de inversiones en un solo fondo, pueden pagar un poco de dinero al tiempo que logran un crecimiento ligeramente más rápido que la mayoría de los fondos conservadores. Por eso es que son excelentes inversiones de transición.

Los fondos híbridos pueden presentarse en forma de *fondos balanceados* (los que tratan de mantener un equilibrio entre valores y bonos) o de *fondos de ingreso* (los que tratan de brindar ingreso al concentrarse ya sea en bonos o en los dividendos que sus acciones puedan producir).

Bueno, basta de lo mismo. Vamos a ver qué es lo básico que hay que saber acerca de los fondos de bonos y los híbridos. Ante todo, vamos a aprender a evaluar los fondos de bonos a través de la Internet.[2] La evaluación de los fondos híbridos vendrá más adelante en este capítulo.

Vamos al Grano

Como aprendiste en el Capítulo Siete, el punto de partida para cualquier evaluación de fondos mutuos comienza con su *rendimiento total*. Después de todo, invertimos para producir ganancias. Los rendimientos totales representan la ganancia que está siendo producida como resultado de la compra y venta de valores en general (ya sean acciones o bonos).

Ve a www.morningstar.com. Verás en la barra superior de búsqueda un encabezamiento que dice "Funds"; marca en esa barra para que aparezca la opción "Fund Selector" (Seleccionador de Fondos), la cual marcarás.

En la mitad de la pantalla, en la ventana de "Fund Type" (Tipo de Fondo) verás "Morningstar Category" (Categoría Morningstar). Como

---

[2]También puedes encontrar toda esta información en los informes de Morningstar Quicktake® que hay en la biblioteca.

los bonos de corto plazo son considerados más atractivos por los inversionistas cautelosos, vamos a irnos con esos. Así que abre la ventana que se extiende hacia abajo en "Morningstar Category" y selecciona "Short-Term Bond" (Bono a Corto Plazo). Tu pantalla debe lucir así:

Establece los criterios

Tipo de fundo		
💡 Grupo de fondos:	Todos	⬍
💡 Categoría Morningstar:	Bonos a corto plazo	⬍
💡 Tiempo de permanencia del administrador mayor o igual a:	Cualquiera	⬍

Fuente: www.morningstar.com

Luego baja hasta más allá de la sección "Cost and Purchase" (Costo y Compra), sigue hasta la sección "Ratings and Risks" (Clasificaciones y Riesgo) y abre la pequeña ventana en la sección que dice "Category risk better than or equal to" (Categoría de riesgo mejor o igual que). Escoge "Low" (Baja) en la ventana que se extiende hacia abajo. Tu pantalla debe ahora lucir así:

Clasificaciones y Riesgo

Marca todas las clasificaciones que te gustaría incluir:

💡 Clasificación por Categoría de Morningstar	💡 Clasificación por Estrellas de Morningstar
☐ ❶ Peor	☐ ★
☐ ❷	☐ ★★
☐ ❸	☐ ★★★
☐ ❹	☐ ★★★★
☐ ❺ Mejor	☐ ★★★★★
☐ Fondos nuevos, no clasificados	☐ Fondos nuevos, no clasificados

💡 Categoría de riesgo mejor o igual que:	Baja	⬍

Fuente: www.morningstar.com

Lo que has hecho hasta ahora es pedir que se te muestren todos los fondos de bonos a corto plazo, ya sean gubernamentales o corporativos, que caen en una categoría de bajo riesgo, según la evaluación de Morningstar, Inc.

Tenemos un criterio más que podemos designar en la pantalla. Todo este trabajo inicial vale la pena, pues esto nos evitará tener que investigar a través de muchos fondos de bonos que no se merecen nuestra consideración. Estamos buscando aquí la crema y nata de los fondos, y mientras más restricciones podamos exigir, mejores serán nuestras selecciones.

Baja hasta la parte inferior de la pantalla. En la sección "Portfolio" (Cartera de Valores) verás una pequeña área con el encabezamiento "For bond funds" (Para fondos de bonos). En esta área podemos escoger la "Calidad promedio del crédito" (allí se lee *Average credit quality*) de nuestro fondo mutuo, que es la habilidad de las compañías para saldar sus deudas. Como ya discutimos, queremos solamente las compañías que tienen un excelente crédito, así que vamos a escoger "A or higher" (A o más alto) en nuestra ventana extendible. Esta selección le exigirá al programa que presente solamente aquellos fondos mutuos que prestan dinero a organizaciones corporativas o gubernamentales que tienen una clasificación crediticia de A o mejor.

De nuevo tenemos que reiterar nuestro deseo de ver fondos de bonos de duración a corto plazo, así que escojamos "less than or = to 5 years" (menos que o = a 5 años) en la ventana extendible de "Duration."

Es así como luce ahora tu pantalla:

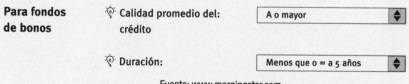

Fuente: www.morningstar.com

Ya acabamos ahí, por ahora. Baja hasta la parte inferior de la pantalla y marca en "Show Results" (Mostrar Resultados) y entonces recuéstate y mira desfilar la lista de ansiosos candidatos en tu pantalla.

Como hay una posibilidad bastante buena de que vayan a poner ante tu consideración líneas y líneas de fondos, antes de continuar vamos a arreglarlos según su desempeño o comportamiento. ¿Puedes creer lo dichosos que somos? ¡Aquí podemos ser verdaderamente exigentes para poder conseguir lo que queremos!

¿Ves una luz azul clara en la parte izquierda de tu pantalla? Debajo del encabezamiento que dice "Change Criteria" (Cambia los Criterios) hay una ventana que se abre hacia abajo, junto a la palabra "View" (Mirar), que está mostrando la palabra "Snapshot" (Instantánea). Abre esa ventana extendible y escoge "Performance" (Comportamiento) para poner en fila nuestros patitos de acuerdo a cómo se están comportando.

Cuando tu lista ya haya aparecido en la pantalla, entre los encabezamientos de las columnas busca el que dice "3-year Return (%)" (Rendimiento de 3 años [%]) y márcalo. Al hacerlo, todos los fondos mutuos buscarán su orden para mostrarse ante ti, arreglados en orden descendente de mejor a peor, según como lo determinaron sus rendimientos totales de tres años. (Igual que con otros fondos mutuos, los fondos de bonos se pueden juzgar mejor de acuerdo a sus rendimientos de tres años.)

Échale una ojeada a la lista que obtuve el 26 de abril de 2001, luego de seguir las orientaciones que he trazado hasta ahora en este capítulo. He inventado los nombres de los fondos para hacer que todo el mundo se concentre en los números, no en los nombres. *Recuerda que tus resultados serán diferentes de los que ves aquí.*

Nombre del Fondo	Categoría de Riesgo	Rend. del año hasta ahora (%)	Rend. de 1 año (%)	▼ Rend. de 3 años (%)	Rend. de 5 años (%)	Rend. de 10 años (%)
Fondo de Bono A	Baja	2.70	9.77	6.79	--	--
Fondo de Bono B	Baja	3.10	9.73	6.68	6.59	--
Fondo de Bono C	Baja	3.39	9.93	6.51	6.25	--
Fondo de Bono D	Baja	3.40	10.31	6.50	--	--
Fondo de Bono E	Baja	3.44	9.88	6.44	6.23	--
Fondo de Bono F	Baja	2.75	9.35	6.39	6.48	6.18
Fondo de Bono G	Baja	3.00	9.40	6.36	6.27	--
Fondo de Bono H	Baja	2.25	8.51	6.23	6.10	--
Fondo de Bono I	Baja	2.68	9.08	6.10	6.19	--
Fondo de Bono J	Baja	2.46	8.08	6.07	6.35	--

Fuente: www.morningstar.com

¡Mira eso! He aquí la lista de los mejores candidatos que cumplen con nuestros criterios. Estos fondos mutuos son los fondos de bonos a corto plazo de mejor desempeño con una duración de cinco años o menos, una categoría baja de riesgo y una clasificación crediticia de A o mejor.

Dedica un momento a observar esta lista. Puedes ver que entre estos finalistas sólo hay un fondo mutuo que muestra resultados en un período de diez años. Esto se debe a que es el único candidato que ha estado en el mercado todo ese tiempo. Me gusta ver que un fondo mutuo ha estado funcionando desde hace mucho tiempo. Aquí la estabilidad es importante. Te repito: como te estás acercando a tu meta final y pronto vas a necesitar acceso a este dinero, no puedes, sencillamente, estar preocupándote por la estabilidad de tu fondo. Mejor que te asegures de tener ese dinero disponible para cuando lo necesites. Como tal, resulta excelente que este fondo tenga esa longevidad.

Tu Tarjeta Patrullera de Bonos

Para que puedas mantener tus cuentas claras, vamos a usar otra tarjeta de anotaciones, la cual podrás ver en la próxima página. Esta vez la llamaremos nuestra tarjeta patrullera de bonos; es para que les sigas la pista a los factores más importantes a considerar cuando se evalúa un fondo mutuo de bonos. Haz una fotocopia de la gráfica en la página 164, o dibújala en tu libreta de notas. También está disponible para que la imprimas en www.JulieStav.com.

Lo que Vale Tener unos Añitos de más . . .

Escoge los primeros cuatro fondos de la lista inicial en tu pantalla; así podrás limitar tus candidatos a un número fácil de manejar.

¿Cuáles escoges? Ante todo, busca el que tiene el récord de rendimientos *estables* más largo. Desecha el rendimiento de un año, ya que los últimos doce meses representan un período muy corto de tiempo en la vida de los fondos mutuos, y un fondo de bonos es un tipo de fondo mutuo, así que no debemos basar nuestras decisiones de inversión en este desempeño de corta duración. En lugar de eso, vamos a considerar el antecedente o récord promedio; de esa forma, las altas y bajas temporales se suavizarán, y podremos ver la tendencia real del comportamiento del fondo.

Por ejemplo, si el fondo rindió un promedio de un 11 por ciento en el período de tres años, un 2 por ciento durante los últimos cinco años y un 8 por ciento en los últimos diez, yo no consideraría que eso es un récord estable de rendimiento.

Pero si tu situación es como la que se ve en el Fondo de Bono F de más arriba, donde los rendimientos promedio del fondo durante los últimos tres, cinco y diez años son 6.39 por ciento, 6.48 por ciento y 6.18 por ciento, respectivamente, tú puedes ver fácilmente que todos estos rendimientos están a menos de medio punto porcentual uno de otro. Ese es un rendimiento muy estable en un período largo de tiempo. La regla práctica en este caso con respecto a la estabilidad es: *Mientras más cerca uno de otro estén los números del rendimiento total de tres, cinco y diez años, mejor.*

Este es el primer fondo que debes anotar en tu tarjeta patrullera de bonos. Escribe los números para los rendimientos de tres, cinco y diez años.

Luego, para poder echar una ojeada al informe Quicktake® del fondo mutuo en Morningstar, marca en el nombre del primer fondo que has escogido. Ahora verás el informe sobre tu fondo.

¿Y qué Ganas Tú en Todo Esto?

Ya has escrito los rendimientos totales respectivos de tu primer fondo. En un fondo de bonos, sin embargo, es importante fijarse no sólo en el rendimiento total del fondo, sino también lo que se llama en inglés *yield*, que es la tasa de interés que el fondo de bonos está pagando actualmente a sus accionistas al final de un período de doce meses. *Lo más importante aquí es recordar que el yield o tasa de interés debe ser más bajo que el rendimiento total de un año del fondo.* He aquí por qué.

Supongamos que tienes que pagar todos los días un costo de estacionamiento cuando vas a un trabajo de tiempo parcial en una zona muy congestionada de la ciudad. Te están pagando diez dólares al día por la hora de trabajo que realizas allí todos los días, y el costo del estacionamiento es doce dólares. *¡¿Quéee?!* ¡Aquí hay algo que anda mal! Te será fácil ver que, en realidad, no te están pagando por este trabajo; en realidad, ¡tú eres quien está pagando dos dólares al día por el privilegio de trabajar allí! Eso no sirve.

La misma situación se presenta cuando tienes un fondo mutuo que está ofreciendo a sus accionistas una tasa de interés (o *yield*) más alta que el rendimiento o ganancia total del fondo. El fondo está pagando más dinero que el que le está entrando. Eso debería alertarte de que algo huele mal en este asunto. Alguien o algo tiene que ceder, y quien cede casi siempre es el valor de las acciones de ese fondo: el precio de las acciones en realidad está *bajando* de valor debido a que el fondo mutuo está sacando dinero de allí para compensar la diferencia entre el interés que está pagándoles a sus accionistas y las ganancias que se están generando. Ese fondo mutuo está, esencialmente, comiéndose a sí mismo para poder mantenerse al nivel de esos altos intereses que está pagando. Eso no tiene sentido.

TARJETA PARTULLERA DE BONOS

Nombre del Fondo	Rendimiento Total						Costos						
	Rend. 1 año	Rend. Neto 1 año*	Rend. 3 años	Rend. 5 años	Rend. años	Yield o Tasa de Interés Ofrecida	Iniciales	Atrasados	Porcentaje de Gastos Gener.	12 (b)1	Beta	Clasif. crediticia promedio	Duración Promedio

*El Rendimiento Neto de 1 año representa el rendimiento de un año menos cualesquiera costos iniciales o atrasados. Las cifras de Morningstar para el Rendimiento de 1 año ya reflejan los costos del Porcentaje de Gastos Generales y de 12(b)1, así que no tienes que restarlos otra vez.

¿Quién toleraría semejante clase de matemática enloquecida? Bueno, muchos inversionistas en fondos mutuos de bonos sólo prestan atención al *yield* o tasa de interés que están recibiendo en forma de ingreso proveniente de sus fondos mutuos, y no miran al rendimiento total o al precio decreciente de sus acciones. Esta mala práctica trae como consecuencia una erosión gradual de sus cuentas. Puedes ver a estos inversionistas caminando por la calle con sonrisas satisfechas en sus rostros porque se sienten seguros y fuera de peligro mientras reciben sus cheques mensuales de dividendos. ¡Qué lejos están de saber que ellos mismos se están comiendo sus propias cuentas para producir esos elevados rendimientos! En lo que deberían estar fijándose es en la sección del precio de sus acciones en sus estados de cuentas mensuales: si el precio por acción está bajando a medida que pasa el tiempo, cuando vayas a vender tus acciones, vas a venderlas con una pérdida tal que todos esos dividendos juntos no serán capaces de cubrir tus pérdidas.

Así que observa el rendimiento total frente al *yield* o tasa de interés que te ofrecen, y asegúrate de que tu fondo no está sacando más dinero para pagarte que el que está entrando en él. Regla práctica: *El yield debe ser más bajo que el rendimiento total para hacer que el fondo valga la pena.*

Para encontrar el *yield* vigente de un fondo, baja por la barrita de búsqueda de la izquierda, hasta que llegues al encabezamiento de "Portfolio." Debajo de eso, marca en la selección "Top 25 Holdings" (25 Valores Principales), a la izquierda de tu pantalla.

Debe lucir algo así:

25 Valores Principales Obtener Cotizaciones de Precios			
Número total de acciones que posee	0	Volumen de Operaciones %	44
Número total de bonos que posee	89	Yield %	6.40 ←
% Activos en los 10 valores principales	27.5		

Fuente: www.morningstar.com

Anota en tu tarjeta el *yield* o tasa de interés ofrecido, y compáralo con el rendimiento total de un año. (La única razón por la que estamos mirando los rendimientos de un año es por puro interés en cotejar: el *yield* se basa en doce meses. Hay que comparar manzanas con manzanas.) En el caso del Fondo Mutuo de Bonos F, el rendimiento total de un año es un 9.35 por ciento. La gráfica anterior nos muestra que el *yield* para los doce meses previos fue un 4.6 por ciento.

Si le restas 4.6 por ciento (el *yield* del fondo) a su rendimiento total de un año de un 9.35 por ciento, todavía te sobran 4.75 por ciento, lo que representa el crecimiento de este fondo mutuo incluso después de haber pagado su interés. Eso es bueno.

¿Cuánto Vale ese Perrito en la Vidriera?

Lo siguiente es revisar los costos de tu fondo. Como con otros fondos mutuos, este es un factor importante a considerar, pero es especialmente importante cuando se invierte en un fondo mutuo de bonos. Debido a que, por lo general, los rendimientos de un fondo de bonos son más bajos que los de las acciones, hay en realidad *menos* dinero para pagar gastos. Un fondo de bonos que sepa cómo mantener bajos sus gastos, al final logrará conservar más de sus ganancias para sus inversionistas.

Marca la opción de "Fees and Expenses" (Costos y Gastos) en la barra de búsqueda de Morningstar.com, a la izquierda de tu pantalla, debajo de "Nuts and Bolts" (Engranaje).

Mira los costos iniciales y los atrasados, así como los honorarios 12(b)1 y los porcentajes de gastos generales. *Todos los gastos, incluidos los honorarios 12(b)1, se reflejan en las cifras del rendimiento total en Morningstar.com.* Anota esta información en los sitios apropiados de tu tarjeta patrullera de bonos.

Como puedes ver en la siguiente gráfica, este fondo no tiene ningún costo inicial ni atrasado, y el porcentaje de gastos generales es un .56 por ciento.

Costos y Gastos

Costos Máximos de Venta		Proyección de Honorarios Totales (por $10,000)	
Inicial	Ninguno	3 años	$268
Diferido	Ninguno	5 años	$466
Redención	Ninguno	10 años	$1037
Costos Máximos		**Costos Actuales**	
Adminstrativo	0.00%	12(b)1	0.00%
Corporativo	0.40%	Corporativo	0.40%
12(b)1	0.00%	Porcentaje de Gastos Generales	0.56%

Fuente: www.morningstar.com

¿Te Dejará Dormir Tranquilamente por la Noche?

Como aprendiste en el Capítulo Siete, el beta es la medida que usas para estimar la inestabilidad o riesgo de un fondo mutuo. Bajo el encabezamiento de "Ratings and Risk" (Costos y Riesgos) a la izquierda de la barra de búsqueda, marca la opción "Volatility" (Inestabilidad) para ver cuál es la clasificación beta de este fondo. He aquí como luce el beta del Fondo de Bonos F:

	Índex Estándar Agregado de LB	Índex Mejor Ajustado Bonos Agregados de Lehman Brothers
R-Squared	78	78
Beta	0.38	0.38
Alpha	0.49	0.49

Fuente: www.morningstar.com

Nota que la clasificación para beta bajo el índex mejor ajustado (*Best Fit Index*) es un .38 por ciento, lo que significa que este fondo tiene menos de la mitad de la inestabilidad del índex que representa. Esto señala que es un fondo muy estable. La regla práctica en este caso es: *En un fondo de bonos a corto plazo, cualquier beta que es menos de un .50 por ciento se considera un beta bajo.*[3] Escribe este número en tu tarjeta patrullera de bonos.

¿Qué afecta a la clasificación beta en un fondo mutuo de bonos? El factor más significativo es la duración de los bonos que posee. Como ya has aprendido, mientras más prolongado es el período de duración, más posibilidades hay de que las tasas de interés aumenten y dañen el valor de los bonos.

Ya que estamos hablando del tema de la duración, vamos a revisar el período de duración promedio de los bonos de este fondo mutuo.

Para Siempre es Demasiado Tiempo

En Morningstar.com, debajo del encabezamiento de "Portfolio," marca en la opción de "Style Box Details" en la barra de búsqueda de la izquierda. Tu pantalla entonces debe lucir algo así:

---

[3]Para un fondo de bonos de término medio, un beta inferior a un .98 por ciento se considera estable. Y para los fondos de bonos a largo plazo, un beta inferior a un 1.12 por ciento se considera estable.

Style Box Details

Calidad Crediticia Promedio	A
Duración Promedio	1.60

Fuente: www.morningstar.com

Anota en tu tarjeta la duración promedio del fondo que estás investigando.

La duración promedio para este fondo es de 1.6 años. Este es un período de tiempo muy corto en la vida de un bono. Recuerda que, por definición, la duración promedio de un fondo de bonos a corto plazo es de menos de 3.5 años. Lo que nos dice este corto período es que el potencial de volatilidad de este fondo es bajo (ya hemos confirmado esto al ver la clasificación beta de este fondo). Las tasas de interés tendrían que cambiar radicalmente en un período de tiempo muy breve para que afecten negativamente el precio por acción de este fondo.

¿Clasifica Bien tu Fondo de Bonos?

Por último, mira la clasificación crediticia promedio de los bonos de tu fondo. Es esencial observar la calidad del crédito de las compañías a las que les estás prestando el dinero por el que tanto te has esforzado. Vas a encontrar esta información en el mismo lugar donde hallaste el período de duración promedio del fondo.

Examina la gráfica anterior. Los valores de este fondo tienen una clasificación crediticia promedio de A.

Escribe la clasificación crediticia en el recuadro apropiado de tu tarjeta patrullera de bonos.

¿Quién Va Después?

Ahora que has anotado la información más relevante acerca de tu primer fondo, regresa a tu lista de eliminación. ¿Qué fondo escogerías para examinar a continuación?

Déjame ayudarte un poquito. ¿Qué fondo tiene el récord más alto de rendimiento total en cinco años? Ese es el Fondo B. ¿Cómo es su importante récord de tres años? Sucede que el Fondo B tiene el segundo récord más alto de rendimiento total en tres años. Debido a que los rendimientos de esos dos años son tan parecidos (un 6.68 por ciento y un 6.59 por ciento), se consideran estables. Recuerda: *Mientras más pequeña es la diferencia entre los rendimientos de cada período, mejor*. Así que el Fondo B tiene un rendimiento total estable desde hace cinco años y que aún se mantiene firme. ¡Qué bien!

Anota en tu tarjeta patrullera de bonos tu próximo nombre de fondo mutuo y llena el recuadro que corresponde con las cifras de tus rendimientos totales. Fíjate en los rendimientos de tres y cinco años y recuerda buscar la estabilidad. Mientras menos variación haya en los rendimientos totales a lo largo de los años, mejor. Ahora examina los otros fondos para hacer una lista con los cuatro principales. En primer lugar, mira a ver cuál tiene un rendimiento de cinco años. Después, mira el rendimiento de tres años y compáralo con el de cinco. Escribe los fondos de acuerdo a esta diferencia, favoreciendo aquellos cuya diferencia es más pequeña. Recuerda que la estabilidad es importante. Si la diferencia entre los rendimientos totales de tres y cinco años es la misma, dale preferencia al fondo que tiene el mayor rendimiento de tres años.

Mi lista incluiría los fondos de bonos en el siguiente orden:

1. Fondo de Bonos F (porque tiene un récord de diez años y rendimientos estables).

2. Fondo de Bonos B (porque tiene un récord de cinco años, una diferencia de .09 entre los rendimientos de cinco y tres años, y es el único fondo que supera su rendimiento de tres años al compararlo con el rendimiento de tres años de los demas fondos además de tener un récord por cinco años).

3. Fondo de Bonos G (porque tiene un récord de cinco años, una diferencia de .09 entre los récords de cinco y tres años, y el rendimiento más alto [después del Fondo de Bonos B] de tres años entre los tres fondos con esta diferencia de .09).

4. Fondo de Bonos I (porque tiene un récord de cinco años, y es el segundo en rendimiento entre los fondos

que tienen una diferencia de .09 entre los récords de cinco y tres años).

Cuando hayas identificado los fondos más estables que tuvieron los rendimientos más elevados durante los tres últimos años, es hora de comenzar nuestra inspección final. Esto lo harás a través del proceso descrito anteriormente para llenar la tarjeta.

He inventado los números de la tarjeta siguiente, los cuales no representan ningún fondo mutuo real en esta fecha ni en ninguna otra. Este ejemplo tiene solamente propósitos de ilustración, para que aprendas el proceso de evaluación.

Así es como se ve ahora mi tarjeta:

TARJETA PATRULLERA DE BONOS

Nombre del Fondo	Rendimiento Total						Costos						
	Rend. 1 año	Rend. Neto 1 año	Rend. 3 años	Rend. 5 años	Rend. 10 años	Yield o Tasa de Interés Ofrecida	Iniciales	Atrasados	Porcentaje de Gastos Gener.	12 (b)1	Beta	Clasif. crediticia promedio	Duración Promedio
F	9.35	9.35	6.39	6.48	6.18	4.6	0	0	.56	0	.38	A	1.6
B	9.73	7.23	6.68	6.59	-	8.02	2.5	0	.56	0	.38	AAA	1.5
G	9.40	6.90	6.36	6.27	-	6.22	2.5	0	.60	0	.48	AA	3.7
I	7.15	7.15	6.10	6.19	-	7.00	0	0	.65	0	.49	A	2.5

El Momento de la Verdad

De la misma manera que lo hicimos con los fondos de acciones, hemos limitado nuestras alternativas a cuatro fondos que están compitiendo por ocupar un lugar en nuestros corazones . . . y en nuestras billeteras. Cuando llegamos a este punto, las diferencias entre ellos pueden ser sutiles. Esa es la razón por la que vamos a necesitar ojos de lince para detectar el eslabón débil que, más adelante, podría hacer que el tiro nos saliera por la culata.

Lee el prospecto de cada fondo y busca el tipo de inversiones de que se sirve el administrador para estimular las ganancias. A veces un fondo de bonos puede tener valores de acciones en su cartera y sin dejar por eso de ser considerado un fondo de bonos. Esto no es algo necesariamente malo, pero reexamina tu clasificación de beta y el índex mejor ajustado para asegurarte de que esas acciones no están haciendo que el fondo sea más inestable que sus compañeros. En otras ocasiones, un fondo de bonos trata de ganarle a la competencia por medio de la inserción de bonos basura y de pobre clasificación entre sus valores. Esto puede aumentar la tasa de dividendos de un fondo, pero también puede causarte problemas si alguna de esas compañías deja de pagar sus préstamos.

Así que para reducir aún más nuestra lista de finalistas, vamos a comenzar por descalificar uno de los fondos. Examina la lista. Lo primero que tienes que mirar es el *yield* o tasa de interés ofrecido. ¿Están todos pagando una tasa de interés que es menor que sus rendimientos totales durante el año pasado? Sí. Muy bien. Vamos ahora un poco más allá: réstale el *yield* a los rendimientos totales de *un año*, y mira qué fondo logró mantener una ganancia más alta.

El Fondo I pagó un 7 por ciento en su tasa de interés, mientras que su rendimiento total de un año fue de un 7.15 por ciento. Eso dejó un .15 por ciento de verdadero crecimiento en el precio por acción después de la distribución de dividendos. El rendimiento total fue menor que el de los otros fondos durante los últimos tres y cinco años, su beta es el más alto de la lista y también tiene los costos más elevados. Acabamos de encontrar nuestro eslabón débil. ¡Adiós, Fondo I!

El Fondo F, por otra parte, tiene el rendimiento total más alto después de haberle restado su *yield*, porque cuando le quitas un 4.6 por ciento al rendimiento total de este fondo, que es de un 9.35 por ciento, te queda todavía un 4.75 por ciento. Este fondo tiene uno los porcentajes de gastos generales más bajos de la lista. Su clasificación beta está también entre las más bajas, y tiene el segundo período de duración más bajo. Este fondo también tiene un récord largo de antecedentes, ya que muestra un rendimiento total de diez años. Esta sería mi selección número uno.

El Fondo B tiene un margen de rendimiento mucho más estrecho después de pagar sus dividendos (1.71 por ciento), y no lleva diez años en el mercado. Tiene un buen beta, pero cuando tomo en consideración su porcentaje de gastos generales y sus costos atrasados, veo que esos honorarios están erosionando el ingreso neto de este fondo. El precio del cubierto es demasiado elevado en este club exclusivo, ¡Por ahí nos vemos, Fondo B!

El Fondo G también tiene un precio del cubierto en forma de un costo inicial, y su período de duración es el más largo entre todos, con un promedio de 3.7 años. Voy a pasar por alto el Fondo G.

Pues bien, parece que el Fondo F es en este caso el fondo de bonos a corto plazo de mejor desempeño.

Cuando se Agregan Fondos Híbridos a la Mezcla

Como ya hemos mencionado anteriormente, los fondos híbridos le agregan un sabor adicional a una cartera de valores que está comenzando a disminuir su rendimiento, ya que los híbridos incluyen acciones entre sus propiedades y las acciones tienen un mayor potencial de ganancias a lo largo del tiempo que los bonos.

Antes de continuar con el método para evaluar un fondo híbrido, en la próxima página hay una gráfica que te dará una idea de cómo este tipo de fondo se compara con los fondos mutuos de bonos. Al comparar la siguiente tabla con los fondos que acabaste de evaluar, tal vez descubras que tiendes a favorecer uno u otro, o que deseas incorporar el poder de ambos tipos de fondos mutuos a tu cartera de inversiones a medida que te vas acercando a tu meta final. Los fondos de bonos pueden darle estabilidad a una mezcla de fondos mutuos, pero en el futuro te va a seguir haciendo falta tener algunas acciones entre tus propiedades de inversión para así poder conseguir el potencial de ganancias más elevado. Si buscas en la página 137 la Tabla de Asignación de Activos que te enseña cómo volver a reordenar tus fondos mutuos a medida que te acercas a tu meta final, verás que incluyo fondos híbridos domésticos durante el período en que te vas acercando a la meta. Si estás invirtiendo para generar ingresos, lo mejor para ti es mantener un tercio de tus fondos mutuos en fondos híbridos domésticos. Igual que sucede con un automóvil clásico de calidad, pueden venderse más adelante a mejor precio.

Vamos a echarle una ojeada a las señales de vida de los fondos mutuos híbridos domésticos (esto es, de Estados Unidos) durante los últimos cinco años hasta el 31 de octubre de 2000, según el informe de Morningstar, Inc. Helos aquí:

FONDOS HÍBRIDOS DOMÉSTICOS

Rendimiento total de 1 año	7.93%
Rendimiento total promedio de 3 años	9.00%
Rendimiento total promedio de 5 años	12.15%
Rendimiento total promedio de 10 años	12.55%
Rendimiento total promedio de 15 años	11.40%
Tasa de interés (*yield*) promedio	6.59%
Beta promedio (comparado con el S&P 500 Index)	0.52%

Fuente: Morningstar®Principia® Pro

Como puedes ver, aunque los rendimientos históricos promedio de estos fondos mutuos son muy respetables, su beta promedio es muy bajo. Eso sugiere una excelente oportunidad para una ganancia potencial dentro de un marco cauteloso. Ante esto, te animo a que pienses en comprar fondos híbridos domésticos, aun si te consideras un inversionista sumamente cauteloso. Cualquiera que esté interesado en aprender más acerca de ellos, que siga leyendo.

De Viaje Otra Vez: Cómo Evaluar Fondos Híbridos

Como los fondos híbridos tienen las características tanto de fondos de valores como de fondos de bonos, en el proceso de evaluación de esta especie de fondo mutuo vas a tener la oportunidad de combinar lo que has aprendido hasta ahora.

Ve a www.morningstar.com y, en la barra superior de búsqueda, marca donde dice "Funds." Debajo de ese encabezamiento aparecerá "Fund Selector" (Seleccionador de Fondos); márcalo. Este es el punto de partida de nuestra investigación.

Ahora marca en la sección de "Morningstar Category" (Categoría Morningstar) y escoge "Domestic Hybrid" (Híbrido Doméstico). Tu pantalla debe lucir así:

Establece los criterios

Tipo de Fondo	Grupo de fondos:	Todos ⬍
	Categoría Morningstar:	Híbrido Doméstico ⬍
	Tiempo de permanencia del adminstrador mayor o igual a:	Cualquiera ⬍

Fuente: www.morningstar.com

Ahora baja hasta la mitad de la pantalla de Morningstar, donde puedes ver la sección de "Ratings and Risks" (Clasificaciones y Riesgos). ¿Recuerdas la Clasificación por Categoría entre las cinco opciones para encontrar el fondo mutuo ideal? Este es el sistema de gradación usado por Morningstar para clasificar cuán bien un fondo mutuo se balancea en esa cuerda floja entre avaricia y temor. Nosotros nos merecemos sólo lo mejor, así que haz una marca en el cuadrito que está junto a la clasificación más alta posible bajo el encabezamiento "Morningstar® Category Rating™," el número cinco dentro de un círculo.

Ahora baja un poco más, hasta la sección que dice "Category better than or equal to" (Categoría de riesgo mejor o igual que) y abre la ventana que se extiende hacia abajo y que está a su derecha. Busca la palabra "Low" (Baja) y márcala. Nuevamente, como no queremos jugarnos nuestro dinero, estamos pidiendo ver el grupo de fondos más estable dentro de la categoría de híbridos domésticos. Así es como tu pantalla debe lucir ahora:

Clasificaciones y Riesgo

Marca todas las clasificaciones que te gustaría incluir:

Clasificación por Categoría de Morningstar

- ☐ ❶ Peor
- ☐ ❷
- ☐ ❸
- ☐ ❹
- ☑ ❺ Mejor
- ☐ Fondos nuevos, no clasificados

Clasificación por Estrellas de Morningstar

- ☐ ★
- ☐ ★★
- ☐ ★★★
- ☐ ★★★★
- ☐ ★★★★★
- ☐ Fondos nuevos, no clasificados

Categoría de riesgo mejor o igual que: Baja ▲▼

Fuente: www.morningstar.com

Ahora baja a la parte inferior de la pantalla y marca donde dice "Show Results" (Mostrar Resultados). En la nueva pantalla que aparece verás la palabra "View:" (Ver), con una ventana que se extiende hacia abajo con la palabra "Snapshot" (Instantánea). Abre esta ventana extendible y selecciona "Performance" (Desempeño). Esta opción nos mostrará todos estos fondos listados de acuerdo a cómo ha sido su desempeño o comportamiento con relación a sus rendimientos totales. Una vez que veas la lista, marca dos veces el encabezamiento subrayado que dice "3-Year Return (%)" (Rendimiento de 3 años[%]) para que tu computadora pueda organizar los fondos de acuerdo a esta importante estadística.

Nombre del Fondo	Categoría de Riesgo	Rend. del año hasta ahora (%)	Rend. de 1 año (%)	▼ Rend. de 3 años (%)	Rend. de 5 años (%)	Rend. de 10 años (%)
Fondo híbrido A	Baja	1.47	19.18	13.54	14.48	--
Fondo híbrido B	Baja	7.60	27.87	11.92	13.88	12.94
Fondo híbrido C	Baja	6.05	12.56	11.12	11.66	9.46
Fondo híbrido D	Baja	1.16	8.46	9.38	9.64	--

Fuente: www.morningstar.com

Si en tu lista aparecen más de cuatro fondos, limítate a los cuatro primeros, y usa para ello los mismos criterios de que nos servimos para identificar los cuatro mejores fondos de bonos: los primeros son longevidad y récord de antecedentes, luego la diferencia en rendimiento total en los períodos de tres y cuatro años, y por último el rendimiento de tres años.

Ahora repite nuestro mantra: *récord de antecedentes y estabilidad*. Busca el fondo que tiene el récord de antecedentes más largo y la mayor estabilidad en sus rendimientos totales. Recuerda que tenemos ante nuestros ojos lo mejor del grupo, así que cada uno de los miembros de club selecto tendrá sus méritos individuales. Te va a parecer que, a estas alturas, se trata de una decisión muy difícil de tomar, pero el ejercicio vale la pena, ya que puedes encontrar un trozo de información en específico que influirá marcadamente para que decidas cómo vas a realizar tu inversión.

Vas a necesitar ambas tarjetas, la que usamos para las acciones, la tarjeta de anotaciones de fondos candidatos (en la página 122 del Capítulo Ocho), y nuestra tarjeta patrullera de bonos (en la página 164 de este capítulo), pues estamos lidiando con un fondo mutuo que tiene ambos tipos de inversiones. Haz una copia limpia de cada tarjeta o ve a www.Julie Stav.com para que las imprimas. Ahora llena las tarjetas para tus cuatro selecciones principales. Si olvidas algunos pasos, lo único que tienes que hacer es volver atrás y releer cómo obtener las cifras.

Usa primero tu tarjeta para fondos candidatos y luego marca en la sección "Top 25 Holdings" (25 Valores Principales) del informe de Morningstar.com para hallar las características de ese fondo en particular. En algunos casos, puedes encontrarte con que no aparecen ni la clasificación crediticia ni la duración promedio. Lo que debes hacer entonces es marcar en "Bond Quality" (Calidad del Bono), debajo del encabezamiento "Portfolio" (Cartera de Valores), en la barra de búsqueda de la izquierda. Aquí vas a ver la clasificación crediticia de los bonos que posee este fondo. Sólo vamos a conformarnos con un nivel de A. Debes andar con cuidado si el fondo tiene bonos cuya clasificación es inferior a BBB. Si debajo de "Bond Quality" ves "U.S.Gov't" (Gobierno de Estados Unidos), debes considerar estos como superiores incluso que los AAA.

Si, por alguna razón, no hay nada listado debajo de la calidad del bono, debes revisar el prospecto del fondo. Va a www.sec.gov/edgar/searchedgar/prospectus.htm, teclea el nombre del fondo y marca el informe más reciente que esté disponible. (Para revisar cómo hallar un prospecto, mira en la página 56.) Existen dos áreas en las que debes concentrarte cuando evalúes un fondo híbrido:

1. *Riesgos de pérdida de capital al invertir en la cartera de bonos.* Estate a la expectativa de cualquier cosa que indique que el fondo toma riesgos adicionales al invertir en bonos de calidad inferior (lo que se llama en inglés *junk bonds* o "bonos basura") o bonos cuya clasificación es inferior a la apropiada para realizar inversiones prudentes. Tenemos que asegurarnos de que este fondo no está metido en actividades que aumenten los riesgos de perder capital.

2. *Cómo la cartera de bonos invierte.* Esta sección te dirá si el fondo invierte en bonos de baja calidad.

Si aun después de leer cuidadosamente no eres capaz de saber qué tipos de bonos posee el fondo, llama al teléfono de llamada sin costo que está en el prospecto. Pregunta por las clasificaciones crediticias (*credit ratings*) de los bonos que posee el fondo. Conviértete en un inversionista bien informado para que puedas tomar las decisiones financieras más inteligentes.

Después que llenes tus tarjetas, lee el prospecto de cada fondo. Revisa los valores principales de cada compañía y ve a ver si entre ellas puedes identificar a cualquier compañía que te impresione en especial, ya sea de manera positiva o negativa. Lee la sección referente al riesgo y la que habla de la estrategia que los administradores usan para tratar de aumentar la ganancias. Allí te dirán si el fondo debe ser considerado más arriesgado que otros dentro de su misma categoría. No tienes que vender tu alma al diablo para ganar dinero con fondos mutuos. Cuando hayas identificado a los líderes en su campo, como has hecho hasta ahora, puedes darte el lujo de tomar una decisión subjetiva.

Como en cualquier fondo de bonos, busca cualquier señal para la estimulación de ganancias que los administradores del fondo mutuo pueden usar para aumentar sus rendimientos. Podrás darte cuenta de eso al leer el prospecto.

He aquí la "Información Experta" (*Inside Scoop*) del informe de Morningstar Quicktake® sobre dos fondos híbridos que te dan una indicación de lo que tienes entre manos:

Información Experta

Este híbrido usa acciones, bonos y convertibles para crear una cartera opuesta el riesgo. Le gusta escoger valores que el mercado, por diversas razones, ha maltratado en exceso. Los inversionistas que no gustan de arriesgarse mucho pueden sentirse cómodos aquí.

Este no es un híbrido típico. Como un fondo del mercado bajista (un fondo "cauteloso"), a veces puede hacer transacciones grandes a corto plazo. En otras ocasiones, tiene valores de gran movimiento, como son las acciones de biotecnología. Hasta ahora, ese plan de acción ha producido un excelente perfil de riesgo/recompensa, pero las transacciones en gran escala que realiza el fondo pueden salir mal.

Fuente: www.morningstar.com

La primera revisión del fondo realizada por el analista de Morningstar nos tranquiliza con el dato de que el fondo crea una "cartera opuesta al riesgo." Tal vez tú no sepas qué significa eso exactamente, pero te están diciendo que no les gusta el riesgo. Si los rendimientos del fondo están entre los más elevados y se produce un empate, ¿no preferirías tener un fondo que trata de mantener un riesgo bajo? Yo sí lo haría. Revisa el prospecto del fondo y mira a ver si encuentras allí un mensaje parecido. Si es así, eso es bueno. Si no, en ese caso yo usaría el prospecto como mi guía oficial. Recuerda que en la Información Experta de la Internet estás leyendo la opinión de una sola persona. A diferencia de eso, el prospecto tiene que pasar el escrutinio de la SEC antes de que llegue a ti, el inversionista, y la información que hay allí tiene que estar basada en datos concretos.

La reseña del segundo fondo nos advierte que, en un esfuerzo para aumentar las ganancias, el fondo puede llevar a cabo alguna actividad con la que el remedio llegue a resultar peor que la enfermedad. Ve al prospecto. Lee la sección acerca del riesgo y la sección sobre estrategia, y mira a ver si puedes hallar algo que te confirme esta información. Examina los rendimientos del fondo, su beta y trata de encontrar otro fondo que no venga con una etiqueta de advertencia, pero que tenga rendimientos parecidos. Si lo encuentras, vete con ese. Si este fondo es el líder en cuanto a rendimientos totales, y tiene ganancias consistentes, revisa el beta, y decide si tu avaricia puede más que tu miedo y quieres escogerlo. Lo siento, pero a partir de aquí, yo no puedo ayudarte más.

Una vez que hayas terminado toda tu investigación, es hora de decidir qué fondo es el que más te conviene. Haz como hicimos cuando escogimos fondos de bonos. Para que te refresques la memoria, este es el proceso:

1. Encuentra el fondo (o los fondos) que tienen el récord de antecedentes más largo.

2. Examina su rendimiento total de tres años.

3. Resta el rendimiento de tres años del de cinco años.

4. Ahora, comienza con la diferencia más pequeña y observa el rendimiento de tres años. ¿Puede competir con relación al resto de los fondos de tu lista? Si queda en primer o segundo lugar, anota ese fondo.

5. Sigue con tu lista y continúa este proceso hasta que hayas analizado todos tus candidatos.

Para Hacer Corto un Cuento Largo

A lo largo de este libro has aprendido ya a evaluar muchos tipos diferentes de fondos mutuos, sean de crecimiento o de ingreso, basados en acciones o en bonos. Los principales factores que hay que tener en cuenta para evaluar cualquier fondo mutuo son:

1. *Rendimientos totales*. Debido a que el récord de antecedentes es importante, mientras más tiempo haya estado el fondo en el mercado, mejor. Pero además de la longevidad, *queremos estabilidad*. Recuerda que el rendimiento de tres años es uno de nuestros instrumentos de

medición más importantes, pero confirma cuán estable
es el fondo cuando lo comparas con los rendimientos
de tres, cinco y, si están disponibles, de diez años.

2. *Costos*. Asegúrate de ver si hay costos iniciales o atrasados, y luego réstalos del rendimiento total de un año
para obtener una idea precisa de cuántas serán tus ganancias netas en ese período.

3. *Riesgo*. Los fondos de crecimiento tienen más riesgos
que los fondos de ingreso. Recuerda medir el riesgo
del fondo contra la inestabilidad de su índex mejor
ajustado.

4. *Yield*. Asegúrate de revisar el *yield* o tasa de interés
ofrecida por tu fondo mutuo. Debe ser menor que tu
rendimiento de un año. Si no lo es, ¡descalifica ese fondo inmediatamente!

Ahora que has aprendido a escoger entre las opciones de fondos mutuos más cautelosas al ir acercándote a tu meta, en el próximo capítulo te
mostraré cómo reasignar o reordenar tus inversiones para hacer que res-
pondan a tu necesidad de generar ingreso.

CAPÍTULO ONCE

Refina tu Estrategia de Inversiones para Obtener la Combinación Perfecta

Después de todos esos años de invertir sabiamente y de contribuir a tu fondo, resulta emocionante la perspectiva de recoger tu bien merecido botín.

Felicítate, ¡te lo mereces! Te pusiste metas financieras, investigaste opciones de inversión, y con empeño y consistentemente invertiste tu dinero en los fondos que seleccionaste. Entonces te sentaste a descansar—echándole de vez en cuanto una mirada vigilante a tus inversiones para asegurarte de que te mantenías en la ruta correcta—y viste tu dinero aumentar a una velocidad considerable gracias al poder de la inversiones en fondos mutuos.

Ahora, a medida que te vas acercando a tu meta, acercándote al momento en que vas a comenzar a usar ese dinero, es necesario que cambies tu estrategia.

Esto no significa que tu dinero ya no va a crecer como lo hizo antes, sino que tu preocupación fundamental ahora es conservar lo que ya has acumulado.

Como descubriste en el Capítulo Diez, cuando te quedan sólo de tres a cinco años para alcanzar tu meta a largo plazo, entras en una fase de transición. Si eres un inversionista a largo plazo con un objetivo de crecimiento que se orienta hacia el logro de un fondo de reservas que pueda generar un ingreso mensual para tus años de retiro, te transformas en un inversionista con un objetivo mixto (crecimiento e ingreso). Necesitas los fondos de ingreso para producir dinero de fácil acceso del cual vivir, pero todavía convendrá que tengas fondos de crecimiento que sigan aumentando el volumen de tu fondo de reservas para que no tengas que preocuparte de que vayas a quedarte sin nada.

Te servirías de la misma estrategia de inversión si obtuvieras una suma total considerable de la cual quisieras vivir a partir de ahora. En ese caso, quieres asignar una parte del dinero a un fondo productor de ingreso para poder generar una cantidad mensual con la cual pagar por tus sueños, pero como no deseas que el dinero se te acabe, dejas otra parte del dinero en un fondo de crecimiento.

Incluso si has estado invirtiendo con el objetivo de acumular una buena suma de dinero que vas a extraer de una sola vez—digamos, un fondo para estudios superiores o la entrada para comprar una casa—, todavía tienes que ajustar tus inversiones a medida que te acercas a tu meta. Como hemos discutido a lo largo de este libro, está en la naturaleza misma de los fondos mutuos el poder experimentar caídas temporales. Sería trágico si, cuando llega la época de extraer el dinero por el que tanto has luchado, el fondo descendiera de valor y perdieras tu dinero. Por ejemplo, te recomiendo que cuando estés a cinco años de tu meta, empieces a pasar tu dinero a cuentas más estables y conservadoras, tales como fondos de bonos y fondos híbridos. Puede que no alcances rendimientos tan elevados, pero hay más posibilidades de que tu fondo conserve su valor.

En la jerga de las inversiones, a esta reordenación de los fondos se le llama *reasignación*.

En el capítulo anterior has aprendido a evaluar y escoger los mejores fondos de bonos y fondos híbridos. Ahora vas a descubrir qué cantidad de tu inversión debe colocarse en esos fondos de bonos e híbridos, y si debes o no dejar algunos de ellos en fondos mutuos basados en acciones. Verás cómo reasignar tus cuentas a medida que te acercas al Día de la Liberación, o el momento de la distribución de tu dinero.

Aprender a ajustar tus cuentas de fondos mutuos para satisfacer tu estilo de vida actual te dará la libertad de usar tu bien ganado dinero sin sentimiento de culpabilidad, y garantizará que te dure por todo el tiempo que te haga falta.

Cómo Llenar tus Gavetas de Inversión

En la página siguiente hay una Tabla de Asignación de Activos, a la cual le echaste ya una ojeada anteriormente, para ayudarte a ajustar tus fondos mutuos a medida que te acercas al día de la distribución de tu dinero. Como puedes ver, está dividida en dos partes. La parte izquierda de la tabla tiene que ver con inversiones en las cuales la meta es acumular y extraer una cantidad total de dinero. La sección de la derecha está dedicada a las inversiones que generan ingreso, tales como los fondos de retiro.

TABLA DE ASIGNACIÓN DE ACTIVOS

Años que faltan para llegar a la fecha de la meta	Distribución de la Cantidad Total Proveniente de tus Inversiones				Inversiones que Generan Ingreso			
	Porción de tu inversión total en cada categoría de inversión				Porción de tu inversión total en cada categoría de inversión			
	Fondos Mutuos de Acciones	Fondos Híbridos Domésticos	Fondos de Bonos	Fondos Mutuos de Inversión del Mercado Monetario	Fondos Mutuos de Acciones	Fondos Híbridos Domésticos	Fondos de Bonos	Fondos Mutuos de Inversión del Mercado Monetario
5	1/2	1/2	-0-	-0-	1/2	1/2	-0-	-0-
4	1/3	1/3	1/3	-0-	1/3	1/3	1/3	-0-
3*	-0-	1/3	2/3	Dividendos y ganancias capitales	1/3	1/3	1/3	Dividendos y ganancias capitales
2	-0-			T-bills y/o fondos mutuos de inversión en el mercado monetario	1/3	1/3	1/3	Cualquier cantidad a la quisieras tener fácil acceso en dos años**

*Abre una cuenta de fondo mutuo de inversión en el mercado monetario y comienza a recibir ganancias capitales y distribución de dividendos en efectivo en forma de depósitos directos a esta cuenta.

** Cada año transfiere dinero de tus fondos mutuos a tu fondo de inversión en el mercado monetario tantas veces como sea necesario. Transfiere siempre a tu fondo de inversión en el mercado monetario el dinero de las cuentas que están mostrando en ese momento las ganancias más elevadas.

El propósito de reordenar tus inversiones es conservar las ganancias que has logrado acumular, pero también mantener a todo vapor tu poder de seguir ganando dinero durante el mayor tiempo posible.

Siempre y cuando tu meta sea de cinco años o más, mantén tu dinero invertido totalmente en fondos mutuos de acciones. Pero al ir acercándote a tu destino financiero deseado, comienza a redistribuir tus inversiones, para que al final tengas la mezcla ideal de acciones y bonos.

Cómo Hacerlo: Inversiones que Generan Ingreso

¿Qué quiere decir todo esto? Digamos que cuando tú estabas en tus treinta decidiste comenzar a ahorrar dinero para no tener que seguir trabajando para vivir cuando llegaras a los sesenta. Tuviste muchísimo tiempo para alcanzar esa meta, de modo que escogiste uno o dos fondos mutuos en la categoría más provechosa, que es la de los fondos de crecimiento. Estos son los fondos mutuos que compran acciones con tu dinero. Supón que tienes ahora cincuenta y cinco años, es decir que te faltan cinco años para llegar a tu edad de retiro (sesenta años), que es cuando deseas dejar de trabajar y comenzar a extraer dinero de tu fondo de reservas para pagar por tus gastos cotidianos y tus sueños.

Bueno, según tu Tabla de Asignación de Fondos, cuando estés a cinco años de tu meta debes comenzar a evaluar fondos híbridos domésticos y escoger el mejor. Mantén en el fondo de valores la mitad del dinero que posees y transfiere la otra mitad al fondo híbrido, para que así tengas cantidades iguales en cada tipo de inversión. Para hacer esto, puedes dividir a la mitad la cantidad que tienes en tu fondo de valores, y entonces la vendes enseguida, o puedes hacerlo en cantidades más reducidas, a lo largo de un período de, digamos, seis meses. El contador que se ocupa de arreglar tu informe de impuestos puede tener algo que decir a este respecto, ya que vas a enfrentar algunas consecuencias impositivas si estos fondos no están dentro de una cuenta de retiro tipo IRA o 401(k); por eso, asegúrate de consultarlo/la.

Ahora tienes dos tipos de cuentas: una cuenta de crecimiento en un fondo de acciones (o valores) y una cuenta híbrida doméstica, la cual posee acciones y bonos.

Cuatro años antes de tu retiro, vas a realizar otro ajuste. Busca el mejor fondo de bonos que puedas hallar. Entonces, suma toda la cuenta (las cifras finales de los estados de cuenta de tus fondos de acciones y tus fondos híbridos) y divide esa cantidad entre tres. Por ejemplo, si tenías un total de $210,000 cuando sumaste las dos cuentas, cuando dividas el total entre tres el resultado será $70,000. Deja $70,000 en el fondo de acciones y $70,000 en el fondo híbrido. Usa el dinero que sacaste de estos fondos (que debe ser también $70,000) para abrir una cuenta de fondo de bonos. El resultado final será que tendrás un tercio de tu dinero en un fondo de valores, un tercio en un híbrido doméstico y otro tercio en un fondo de bonos.

Cuando estés a tres años del retiro, abrirás una cuenta en un fondo mutuo de inversiones en el mercado monetario, si no es que ya tienes uno, y les pedirás a tus fondos mutuos existentes que envíen todos los dividendos y ganancias capitales a tu cuenta de mercado monetario. Con esto comenzarás a poner el dinero de tus inversiones en el tanque (tu cuenta de mercado monetario) que usarás como una fuente directa de ingreso.

Dos años antes de retirarte, examina tus cuentas de fondos mutuos y toma un poco de dinero de una o dos de ellas que te estén brindando los rendimientos más elevados, y transfiérelo a tu cuenta de mercado monetario. Deposita allí cualquier cantidad a la que quisieras tener fácil acceso dentro de dos años. Tal vez transfieras el dinero necesario para pagar por dos años de gastos personales, o tal vez eso es demasiado y preferirías tener solamente el dinero para un año de facturas. La meta en este caso es dejar en tus tres tipos de fondos mutuos (de acciones, híbridos y de bonos) cualquier cantidad de dinero de la que puedes prescindir durante dos años o más, y depositar en tu fondo de mercado monetario aquella cantidad que quieres tener a tu inmediata disposición dentro de dos años.

Cuando te quede un año para el retiro, solamente harías la revisión normal de tus fondos, seguirías depositando tus dividendos y ganancias capitales en tu cuenta de mercado monetario, y te prepararías para disfrutar de tu nuevo estilo de vida. ¡Hurraaa!

Un año después de eso, mientras revisas tus inversiones, transfiere dinero de los fondos mutuos que te están dando más beneficios en ese momento, hacia el fondo de inversiones en el mercado monetario para rellenar el tanque que usas para tus gastos. ¿Es posible hacer esto? Estoy cansada de verlo constantemente.

Cómo Hacerlo: Inversiones de Distribución Global

Quizás tú no estás invirtiendo en busca de ingreso. Quizás tu meta es hacer una compra grande o cubrir un gasto monumental (como es el caso de Tony y Amanda, quienes están ahorrando para la educación superior de sus mellizas o, ¡qué horror!, una boda doble). Tu meta es tener dinero suficiente para poder extraerlo todo de una vez o a lo largo de unos pocos años.

A este tipo de inversionista, la parte izquierda de la tabla le ofrece una guía. El proceso es parecido al ejemplo anterior, pero cuando estás a tres años de tu meta deseada, extraerás todo el dinero de tus fondos de acciones y pondrás un tercio de tus inversiones en híbridos y dos tercios en fondos de bonos.

Dos años antes del día en que necesitas hacer efectivo todo tu dinero, transferirás tu dinero a una cuenta de fondo mutuo de mercado monetario, de manera que ese dinero esté a tu disposición cuando lo necesites. Es una propuesta bastante arriesgada mantener en el mercado bursátil cualquier dinero que vas a necesitar dentro de dos años. Tú no sabes cómo va a ser la atmósfera de las inversiones en ese momento, y no quieres tener que extraerlo cuando los fondos mutuos están pasando por uno de sus períodos bajistas. Es mejor precaver que tener que lamentar.

Resumamos

Tus años de duro esfuerzo laboral y tu inquebrantable disciplina te han permitido acumular los fondos que necesitas para poder vivir sin trabajar, para costear el envío de tus hijos al *college* que prefieran, o para hacer algo con lo que siempre has soñado.

Poner a trabajar tu dinero de manera inteligente significa que te has asegurado, al ir acercándote al jubiloso momento de conseguir tu meta, de reasignar tus fondos de inversiones para alejarlos de la inestabilidad y encaminarlos hacia una estabilidad más cautelosa.

No tienes que impresionar a tus amigos y parientes con un sofisticado vocabulario de inversiones, ni pasar interminables horas frente a una computadora todos los días de tu vida para producir rendimientos considerables en tus fondos mutuos. Lo único que necesitas hacer es aplicar los sensatos principios de inversión reflejados en este sistema y dejar que tu chofer financiero personal te lleve al destino que deseas.

Pero independientemente de los méritos del vehículo que hayas escogido, te conviene que durante tu viaje hacia la libertad financiera mires por la ventanilla hacia afuera, para asegurarte de que sigues avanzando por la ruta adecuada. Por eso fue que aprendiste acerca de la limpieza primaveral en el Capítulo Nueve y de la reasignación de tus fondos a medida que te acercabas a tu meta.

Una vez que pongas tus motores en marcha, puedes seguir adelante y disfrutar la vida al máximo.

—¡Pero espera! ¡Todavía no he llegado!—exclamas—. ¿Y qué pasa con mis cuentas de retiro como el 401(k) que tengo en el trabajo? ¡Todavía no sé qué hacer con eso!

No te desates aún el cinturón de seguridad, porque en el próximo capítulo vas a descubrir cómo sacarles también el máximo a las opciones de inversión dentro de esas cuentas de retiro.

CAPÍTULO DOCE

El Gigante Dormido

¡Many no lo podía creer! Había pasado casi un año desde que su abuelita le regalara a Porky, su adorada alcancía en forma de cochinito. Cada semana había ahorrado religiosamente la mayoría del dinero que le daban sus padres para gastos menores; metódicamente, había metido sus monedas a través de la ranurita que Porky tiene en el lomo. Many tenía la esperanza de ahorrar suficiente dinero para comprar una bicicleta de montaña totalmente nueva. Pero por mucho que intentara mantener un récord del contenido de su preciado banco de ahorros a lo largo del año, el niño había perdido la cuenta de cuánto dinero había ahorrado.

Tragó en secó mientras se dirigía al garaje de la casa con su tesoro entre las manos. Pronto sabría si su sacrificio había dado resultados. Many apretó el martillo con el puño, apuntó hacia el cochinito, cerró los ojos y . . . ¡Fuácata!

Las cuentas de retiro—esas cuentas en específico que están exentas de pagar impuestos hasta que saques tu dinero de ellas a los cincuenta y nueve años de edad o después—te brindan una tremenda oportunidad para ir formando un fondo de reservas a medida que avanzas hacia tu tercera edad. Pero al igual que Many, muchos participantes en cuentas de retiro se preguntan si el dinero que han estado acumulando a lo largo de los años será suficiente para costear su futuro soñado o para satisfacer sus necesidades financieras.

Si tienes un plan de retiro, te lo haya ofrecido tu trabajo o lo hayas comprado tú mismo, ya has dado el primer paso para llegar al momento en que puedas decidirte a dejar de trabajar para vivir.

Pero en lugar de esperar a que te acerques al día en que necesites echarle mano a tu dinero y te vayas al banco con un martillo en la mano, puedes asegurarte de que cuando llegue el momento llegarás a reunir la cantidad de dinero que deseas, si en el trayecto manejas tus cuentas de retiro con las mismas estrategias que aprendiste para manejar tus otras cuentas de inversiones. Tal vez hasta descubras que puedes dejar de trabajar antes de lo que pensabas, o disfrutar de un ingreso mensual más elevado durante tu retiro. Más de una vez he visto suceder esto.

Cualquiera que sea tu plan financiero, independientemente de tu edad y tus otras metas financieras, por lo menos debes tener una cuenta de retiro. Nadie debe dejar su vida financiera en el aire cuando existe la oportunidad de invertir en su futuro. Mientras más rápido comiences, menor será la cantidad que necesitarás invertir y más grande será el botín que hallarás al final de tu arcoiris.

Muchas empresas les ofrecen a sus empleados la oportunidad de poner a un lado dinero con regularidad para invertirlo con vistas a su retiro. Esto significa que un empleado puede consentir en que extraigan de su cheque salarial, todos los meses, una cantidad específica de dinero, la cual será depositada en un programa de pensión, y este dinero sale de cada cheque salarial *antes* de que se apliquen los impuestos. Esta contribución se le escapa al cobrador de impuestos del gobierno. En otras palabras: en vez de que tengas que esperar a que te llegue tu cheque salarial (con la acostumbrada cantidad ya reducida debido a la retención de dinero para el pago de impuestos) para depositar una porción de él en una cuenta personal separada, por el contrario, tu empleado transfiere esa porción directamente a tu cuenta, de manera que tú nunca la ves . . . ¡ni la gastas!

El poder invertir sobre una base de impuestos diferidos (lo que significa que tu cuenta está exenta del pago de impuestos hasta que extraigas el dinero de ella) es una de las cosas más sabias que puedes hacer. Así es como funciona:

Supongamos que te dan una bonificación salarial de $200. ¡Qué bueno! ¿Verdad? Pero cuando recibes tu cheque de bonificación, no ves $200. Eh, ¿qué pasó ahí? ¡De aquí no sale nadie! ¿Quién se llevó tu dinero? ¿Te está engañando el jefe? ¡Dijeron que $200! Sí, claro que lo dijeron, pero el Tío Sam exige que tu empleador retenga de tus $200 un poco de dinero para pagar los impuestos sobre ingresos en que ha incurrido esa cantidad. Suponiendo que te extraen de tu cheque salarial la cantidad correcta de retenciones (*withholdings*), y que te encuentras en la categoría impositiva del 28 por ciento, tu empresa va a retener un 28 por ciento de tus $200 y lo va a enviar al gobierno federal a tu nombre. En este ejemplo estamos suponiendo que vives en un estado que no reclama sus propios impuestos además de los impuestos federales. Si no fuera así, también tendrías que pagar impuestos estatales por este dinero. ¡Y algunas compañías hasta acaban sacando tantos impuestos de las bonificaciones que tú sólo recibes la mitad de la cantidad original! Para ponerlo en términos más sencillos, vamos a dar por hecho el 28 por ciento de impuestos que resulta en $56 extraídos de los $200 originales. Tú no pierdes esos $56. Estos se aplican a la cantidad de impuestos que te cobran al final del año, pero en estos momentos recibes un cheque que sólo refleja la diferencia, que es $200 menos $56, o sea, $144.

No vamos a malgastar ese dinero en el lindo par de zapatos que viste en el centro de compras (aunque resultan tentadores). No, la persona inteligente y responsable que tú eres va a invertir ese dinero. Invierte tus $144 y gánales un 10 por ciento al año (sólo para que nuestra matemática nos sepa más sabrosa). Al final del primer año vas a tener: $144 más 10 por ciento, es decir $158.40.

¡Oye, que todavía no hemos terminado contigo! ¡El Tío Sam también va a querer un 28 por ciento del *interés* que ganaste ese año! Ganaste $14.40 el primer año (10 por ciento de $144), de manera que tienes que pagar otros $2.88 en impuestos, lo que te deja ahora un balance neto al final del primer año de $155.52 ($158 menos los $2.88 que fueron al pago de impuestos). Así que tu bonificación de $200 acabó en $155.52, ¡aún después de haberla invertido durante un año al 10 por ciento! ¡Maldita sea!

¿Pero qué pasaría si tomaras estos $200, los invirtieras en un fondo de retiro de impuestos diferidos (*tax-deferred retirement fund*), pasaras por alto al cobrador de impuestos y *después* ganaras tu 10 por ciento! Al final de tu primer año de inversión, tendrías $200 más 10 por ciento, o sea, $220.

Como tu cuenta está protegida del cobro de impuestos gracias a que se encuentra en una cuenta de retiro, eso significa que el Tío Sam no puede todavía meter la mano en tus ganancias, así que no tienes que compartir con él tu ganancia de un 10 por ciento. Tu bonificación de $200 se convertiría en $220 si la invirtieras en una cuenta de impuestos diferidos . . . mucho mejor que los $152.52 con que acabarías fuera de tu programa de retiro.

Esto es solamente con $200, y sólo a lo largo de un período de un año. No voy a aburrirte con detalles, pero créeme cuando te digo que, como ahora estás ganando interés sobre interés (¿recuerdas nuestro buen amigo el Señor Interés Compuesto?), tu cuenta de retiro de impuestos diferidos comienza a engordar sin que apenas te des cuenta. La diferencia que hay entre los saldos de cuenta cuando se invierte fuera y cuando se invierte dentro de tu programa de retiro, se hace más y más grande a medida que pasa el tiempo.

Me parece oírte decir:

—Sí, Julie, pero cuando saque el dinero, ¡voy a tener que pagar más en impuestos!

Sí, tienes razón, vas a pagar impuestos basados en un balance más grande, pero *también vas a poder quedarte con más dinero*. ¿Y no es de eso de lo que se trata este libro? Como has usado en tus inversiones parte del dinero con el que habrías tenido que pagar impuestos, el saldo de tu cuenta es mucho mayor al final, y a pesar de que pagarás impuestos sobre esa cantidad, vas a acabar con un balance más elevado que el que habrías tenido si hubieses pagado los impuestos sobre tus ganancias a lo largo del proceso.

Puede que ya tengas uno o dos de los siguientes tipos de cuentas de retiro. Si es así, hazte el firme compromiso de ponerlas a funcionar en serio para llevar al máximo tu poder de inversión, lo cual conseguirás si aplicas los principios que has aprendido en este libro y escoges las mejores inversiones disponibles entre las opciones que se te ofrecen.

Oye, y ahora que ves los beneficios, ¿quisieras saber cómo puedes hacer inversiones de impuestos diferidos? He aquí unas cuantas alternativas que están a tu disposición:

IRA

Un IRA—*Individual Retirement Account* o, en español, Cuenta Individual de Retiro—viene ahora en tres sabores:

- *IRA Deducible de Impuestos*. Estos planes de IRA (en inglés, *Tax Deductible IRA*) te permiten invertir con impuestos diferidos, lo que significa que no tienes que pagar impuestos sobre tu cuenta hasta el momento mismo en que extraigas el dinero. Cada año puedes depositar en él la cantidad aprobada por el IRS para invertirla en tu retiro sin tener que pagar impuestos sobre tu inversión inicial, ni sobre las ganancias que acumules en el camino, igual que sucedió con el ejemplo anterior de la bonificación de $200. Hay algunas restricciones que vale la pena revisar antes de abrir una cuenta de IRA. Al final de esta sección te haré saber dónde obtener esa información.

■ *IRA para la Educación.* Este tipo de IRA (en inglés, *Education IRA*) es un nuevo giro de otro tipo de "cuenta de retiro," el cual te da la oportunidad de invertir y mantener todas las ganancias sin pagar ningún impuesto. *¡Esta cuenta acumula ganancias libres de impuestos, no sólo de impuesto diferido!* ¡El Tío Sam no puede tocar en absoluto este tipo de cuentas! Un IRA para la Educación te permite ahorrar una contribución anual de hasta $500 por cada hijo, siempre y cuando él o ella tenga menos de dieciocho años de edad.

El propósito de un IRA para la educación es acumular dinero para pagar por matrículas, libros, suministros escolares, costos y otros gastos asociados con la educación superior para esa hija o hijo, incluso si un estudiante asiste sólo a algunas clases del curso.

La ventaja principal de este tipo de IRA es que cuando tú extraes el dinero, tanto las ganancias como las contribuciones originales estarán libres de impuestos. La razón por la que no pagas impuestos sobre la cantidad que depositaste a lo largo de los años es que *no* llegaste a deducirla de tu ingreso sujeto a impuestos cuando invertiste el dinero. ¡El hecho de que no pagues ningún impuesto sobre las ganancias es un regalo adicional! Con el paso de los años, el dinero que no se ha tenido que pagar en impuestos va ganando interés sobre interés de forma compuesta y trae como resultado un aumento enorme en cualquier cuenta de inversiones.

- *Roth IRA*. Si abres este tipo de cuenta de retiro y la mantienes durante cinco años por lo menos, podrás, seis meses después de cumplir los cincuenta y nueve años de edad, tener acceso al dinero que has acumulado en ella a lo largo de los años, sin tener que pagar ni un centavo en impuestos. También podrías evitar impuestos si usas el dinero para comprar tu primera vivienda o si te conviertes en una persona incapacitada para trabajar. Si necesitas extraer dinero de un Roth IRA con cualquier otro propósito, sólo tienes que pagar impuestos sobre las ganancias de tu cuenta, no sobre tu depósito original, ya que los depósitos que van hacia un Roth IRA tuvieron que ver al Tío Sam en el momento en que invertiste el dinero, antes de que este entrara en la cuenta.

En un IRA, ya sea un IRA tradicional, un Roth o un IRA para la Educación, tú tienes la libertad de invertir en casi cualquier cosa que desees. La única inversión que no te es permitido hacer es la compra de artículos de colección o de metales preciosos, con la excepción de lingotes de oro y plata del Tesoro de Estados Unidos. Aparte de esto, no hay límites en la mesa bien servida de opciones que son las inversiones.

Puedes ir a www.irs.ustreas.gov/forms/pubs para leer la Publicación 590, una guía completa de cuentas de IRA y sus más recientes restricciones. También puedes solicitar esta publicación directamente al IRS o Servicio de Impuestos Internos si llamas al (800) 829-3676.

Cómo Evaluar un IRA

El proceso de selección para escoger el mejor fondo mutuo para tu cuenta de IRA se basa en:

1. *Tiempo que queda para llegar a la edad de retiro*. Si te quedan al menos cinco años para tener cincuenta y nueve

años y medio de edad, todavía eres un inversionista de crecimiento; escoge las opciones de fondos mutuos de crecimiento que están a tu disposición. Si te quedan de dos a cinco años para llegar al retiro, eres un inversionista en transición, lo cual incluye opciones de fondos mutuos tanto de crecimiento como de ingreso; examina la Tabla de Asignación de Activos de la página 137 para calcular como asignar tus fondos. Y si estás a sólo dos años de tu retiro y estás planeando complementar tu ingreso mensual de jubilación con tu cuenta de IRA, distribuirías tus inversiones dentro de tu IRA de una manera muy conservadora, utilizando también la Tabla de Asignación de Activos.

2. *Méritos de cada opción de inversión individual.* Usa los mismos pasos que has aprendido en este libro para guiarte a través del proceso de escoger la inversión de IRA que más te conviene. Ya estés en la etapa de crecimiento, en la etapa de transición, o en la de distribución, ahora ya sabes cómo escoger el mejor fondo mutuo en cada una de estas categorías para llevar al máximo tus ganancias. Utiliza lo que acabas de aprender y ponlo a funcionar al instante, incluso si ya tienes por ahí un IRA polvoriento que no te está produciendo beneficios. ¡Sacúdelo y, sin compasión, oblígalo a que te produzca ganancias!

401(k) y 403(b)

Estos planes son caprichosos, pero fantásticos. Si tienes uno a tu disposición, sobre todo uno que tenga un programa de equiparación (*matching program*), aprovéchate de él. ¿No tienes la menor idea de lo que estoy hablando? Sigue leyendo.

Muchos patronos ofrecen a sus empleados planes de pensión 401(k). En un plan 401(k), un cierto porcentaje de tu salario se deduce de tu cheque de pago, sin pasar en absoluto por el Tío Sam, y va directamente hacia tu cuenta. Además de protegerte de los impuestos, bajo un 401(k) tu empleador a menudo equiparará parte de tus contribuciones. ¡Imagínate! Eso significa que si depositas $100 en tu cuenta 401(k), y tu empresa deposita a nombre tuyo otros $100 en esa cuenta, ¡acabas de lograr un 100 por ciento de ganancia sin haber movido un dedo! Eso es lo que se llama "dinero gratis". *¡No dejes pasar esta ganga!*

Pero hay una trampita en los planes 401(k). Tus opciones de inversión están limitadas a aquellas que te ofrece tu empleador, y tu inversión será deducida automáticamente de tu salario a través de una deducción en la nómina. No existe la posibilidad de que tú escribas un cheque personal para depositarlo en tu cuenta 401(k) patrocinada por la empresa donde trabajas.

Los planes 403(b) son bastante parecidos a los planes 401(k). Si trabajas para una organización sin fines lucrativos, como un museo, una escuela pública, un zoológico (no, si tu centro laboral *parece* un zoológico, eso no cuenta), o una organización caritativa, puedes tener a tu disposición este tipo de cuenta de retiro. Un plan 403(b) actúa de manera bastante similar a su primo el 401(k), ya que te permite separar mensualmente una cantidad mensual que va directamente hacia tu cuenta de inversión a través de una deducción en la nómina. Lo más probable es que podrás escoger entre una serie de anualidades (*annuities* en inglés, que son cuentas de ahorro en compañías de seguro) y fondos mutuos. No puedes invertir en acciones individuales con un programa 403(b), ya que la ley no lo permite.

Sigue el mismo proceso que expliqué para escoger un fondo mutuo en un programa de IRA; lo primero que tienes que hacer es decidir si eres un inversionista de crecimiento, de transición o de ingreso. Después, evalúa las opciones de inversión que tienes a tu disposición. También estás limitado en tus opciones. Escoge una entre aquellas que se ajustan a tu objetivo de inversión. Usa los principios que hemos cubierto en este libro para identificar los fondos mutuos disponibles que tienen el mayor potencial de ganancias.

No te dejes asustar por el hecho de que tu inversión está bajo un esquema general de pensión, ni tampoco creas que por eso estás completamente a salvo. El proceso de escoger el fondo mutuo que es mejor para ti, ya sea dentro o fuera de tu programa de pensión, es el mismo. Y está en tus manos tomar las decisiones correctas. Si estás abriendo una cuenta de IRA, lo primero que tienes que hacer es usar nuestro sistema para escoger tu inversión. Luego, pide una solicitud de IRA (son distintas para cada tipo de IRA). Eso es todo.

Tus cuentas 401(k) y 403(b) se abren a través de tu empresa, la que te suministrará las planillas necesarias para hacerlo. Sin embargo, tu empleador no te ayudará a escoger una inversión. En la mayoría de los casos, un compañero de trabajo tratará de ayudarte diciéndote en qué está invirtiendo él/ella, pero tú y yo sabemos que su objetivo podría ser diferente del tuyo, o que él/ella puede estar cerca de su edad de retiro, mientras que tú apenas has cumplido los 20 años. Entonces, ¿cómo escoger? Aprende a controlar tu propio destino mediante la toma de decisiones que te incumben a ti y únicamente a ti. Puede que no sea el tipo de conversación más apropiada en una fiesta mientras tomas una copa de champán, pero sin duda que es el camino más seguro hacia la libertad financiera.

Despierta al Gigante Dormido

Pon todo tu empeño en tomar el control de la cuenta de retiro patrocinada por tu empresa y experimenta el poder de este gigante dormido. Si pones todo el dinero de que seas capaz en tu 401(k), te estás haciendo socio del Tío Sam, ya que vas a ver cómo crece tu cuenta, no sólo por lo que pueden depositar en ella tú y tu empleador, sino porque también puedes invertir y acumular interés compuesto sobre un dinero que, de otra manera, habría tenido que entregarse para el pago de impuestos por ingresos.

Averigua cuánto dinero te es permitido poner a un lado para depositar con vistas a tu retiro, ¡y deposita hasta que ya no puedas más! Si la contribución máxima es de, por ejemplo, un 6 por ciento de tu ingreso bruto previo a impuestos, si puedes entrega cada centavo de esa cantidad, sobre todo si tu empresa tiene un programa de equiparación. Tan sólo por virtud de lo que tu empresa equipara, tu dinero puede crecer más rápidamente en un 401(k) que en la mayoría de las otras cuentas de retiro, ¡y esto sin contar con las ganancias que se logran al cabo del tiempo! Si no puedes contribuir el máximo, no temas empezar con menos dinero. Sea la que sea la cantidad que puedas invertir, al final siempre obtendrás un gran beneficio.

Hay unas cuantas preguntas cuyas respuestas necesitas conocer para tomar la mejor decisión respecto a un 401(k). Así que antes de que firmes cualquier documento, hazle las siguientes preguntas al representante de recursos humanos de tu centro de trabajo:

1. ¿Equipara la empresa tu contribución, y hasta qué cantidad?

2. ¿Cuándo es que se te confiere derecho sobre tu cuenta de retiro? Es decir, ¿cuándo es que estás *vested* (que es como se llama a esto en inglés) y puedes llevarte tu dinero, aún si cambias de empleo?

3. Pide que te den el menú de inversiones que tienes a tu disposición en el momento de escoger entre posibles inversiones para tu cuenta 401(k). Esto, sencillamente, se refiere a las opciones de inversión que te permiten tomar. No aceptes tan sólo la categoría (acciones, bonos, mercado monetario, etc.), sino pide también los nombres de esos valores y de los fondos, si están disponibles.

4. Averigua cuán a menudo te es permitido hacer cambios en tus opciones 401(k) y cuál es el procedimiento para hacerlos, en caso de que desees reajustar tus decisiones de inversión en un momento determinado. La mayoría de las compañías tienen un período de treinta días al comienzo o al final de cada año fiscal, durante el cual te permiten reordenar tu cuenta si quieres hacerlo. Averigua los detalles y anótalos en tu calendario para que no se te olviden. Luego, un mes antes de esa fecha, hazte una nota recordatoria para que te acuerdes de que ese día se está acercando, y así podrás investigar un poco más y comprobar si sigues en la ruta apropiada.

Armado con la lista de posibles candidatos, tu primer paso es determinar cuán lejos estás de cumplir los cincuenta y nueve años y medio, ya que esta es esa edad mágica en la que podrás comenzar a extraer tu dinero del fondo de retiro sin tener que pagarle penalidades al gobierno. Recuerda que estás haciendo el compromiso de no tocar esta cuenta hasta que te llegue la edad de retiro. No inviertas en tu 401(k) ningún dinero que hayas asignado a otros propósitos.

Una vez que determines cuánto te queda para el retiro, estás listo para escoger la cuota o asignación personal de inversión.

—¡Espera, que por poco me atoro! ¿Qué es *eso* que has dicho?—preguntas.

La asignación de activos es tan sólo el proceso de tomar una decisión sobre si concentrar tus inversiones en acciones, bonos, fondos híbridos domésticos, cuentas de mercado monetario, certificados de depósitos o cualesquiera otras opciones que ofrezca el menú de inversiones de tu empresa.

Como hemos visto antes en el Capítulo Diez, tu cercanía al retiro decidirá en qué categorías es más adecuado que inviertas. Repito: si te quedan cinco o más años para el retiro, debes concentrarte en fondos con un objetivo de crecimiento. Es decir, fondos que tienen más riesgos, pero también más ganancias. Si te quedan de dos a cinco años, necesitas hacer la transición desde fondos con objetivo de crecimiento, a una mezcla de fondos con objetivo de crecimiento y fondos cuyo objetivo es generar ingreso. ¿Dos años o menos para retirarte? Si tu cuenta de retiro es para darte ingresos, mantén una mezcla de crecimiento, híbridos y bonos en tus fondos mutuos (usando la Tabla de Asignación de Activos de la página 137). Si quieres obtener tu dinero de una sola vez, es hora de estacionar tu dinero en un sitio seguro y sombreado, para que esté disponible cuando lo necesites. Como necesitas tener tu dinero a la mano de aquí a dos años o menos, no te conviene encadenarlo en ningún tipo de seguro. Las cuentas de ahorro, los Certificados de Depósito (*CD*), las letras de cambio de la Tesorería (*T-bills*) y las cuentas de mercado monetario (*money market*) son el camino a seguir. Mira el Capítulo Cuatro para más detalles. La única diferencia en cómo asignas tu dinero en un fondo de retiro patrocinado por tu empresa, y en cómo haces eso mismo en cualquier otro fondo, es que en las cuentas de 401(k) y 403(b) tus opciones están limitadas a las que ofrece tu empleador. La mayoría de los participantes en programas de retiro relacionados a la empresa basan sus decisiones de in-

versión en las recomendaciones bien intencionadas de una persona conocida en la que confían: el empleado de recursos humanos que te entrega
los papeles que tienes que firmar, o un colega del trabajo. Recuerda: Esa
persona bien intencionada puede encaminarte en una ruta equivocada al
proyectar sus propias necesidades y soluciones personales en las tuyas. Lo
que les sirve a ellos, no tiene necesariamente que ajustarse a tus circunstancias personales, tu nivel de tolerancia del riesgo, al tiempo que tú tienes por delante o a tus preferencias subjetivas.

No tienes que esperar hasta que sea el momento de agarrar el martillo y caerle arriba a tu cochinillo para asegurarte de que estás invirtiendo
de la manera más sabia y provechosa posible. Aprender a manejar tus planes de retiro es algo parecido a tomarle de vez en cuando una radiografía
al contenido de tu alcancía. Mediante el monitoreo de su progreso, podrás enfocar tus inversiones de manera que generen las mejores ganancias y reflejen su propia personalidad. Tú eres tú, tú y nadie más que
tú . . .

He aquí una guía sencilla que te ayudará a entender y a manejar lo
que podría parecer la abrumadora tarea de escoger entre varias inversiones de retiro.

Elige del Menú de Inversiones de tu Empresa

¿Te acuerdas de cómo reducimos nuestros fondos mutuos potenciales de
miles de posibles opciones a un número manejable? Cuando escoges entre las inversiones que te ofrece tu empleador, es muy probable que las
ofertas iniciales sean muchas menos que las que tuvimos anteriormente.
¿Por qué? Pues porque nuestra empresa ya habrá hecho algunas selecciones en tu nombre. ¿Sigues confundido? ¡No te preocupes, que enseguida
te voy a explicar!

Los empleadores por lo general ofrecen una combinación de anualidades (que son inversiones dirigidas por compañías de seguros), acciones
(casi siempre de la propia empresa) y fondos mutuos (nuestra inversión
preferida). A menos que tengas un conocimiento profundo acerca de cómo escoger acciones individuales exitosas, te conviene seleccionar inversiones en fondos mutuos. Otra razón para escoger fondos mutuos en tu
cuenta de retiro ofrecida por la empresa, es que si escoges valores indivi-

duales debes quedarte con los que seleccionaste hasta que llegue el próximo período en que la compañía te permite hacer cambios en tu cuenta, por lo cual no te es posible vigilar a toda hora tus valores individuales y reaccionar adecuadamente si el mercado experimenta un cambio significativo. Con un fondo mutuo, el administrador financiero puede vigilar de cerca, a tu nombre, cada valor individual que está en una cuenta de crecimiento.

Muchas empresas limitan sus opciones de inversión a aquellas que pertenecen a una familia específica de fondos. Por ejemplo, puede que Oppenheimer tenga un conjunto de pensión que ayuda a los patronos a diseñar e implementar sus programas de retiro para sus empleados. A cambio de eso, esa empresa sólo ofrece los fondos mutuos que componen la familia Oppenheimer. Sean cuales sean las limitaciones, tu meta es usar toda la información a tu alcance para identificar la inversión candidata que más te conviene.

Supongamos que tu empleador ofrece los siguientes fondos mutuos. Tu lista inicial podría lucir así, con los nombres de los fondos dentro de la familia y también sus símbolos de acciones correspondientes:

Fondo A (AAAA)
Fondo B (BBBB)
Fondo C (CCCC)
Fondo D (DDDD)
Fondo E (EEEE)
Fondo F (FFFF)
Fondo G (GGGG)

Ve a www.morningstar.com y marca el encabezamiento "Funds" de la barra de búsqueda en la parte superior de tu pantalla. Busca la opción "Fund Compare" (Comparar los Fondos); márcala.

Cuando estés ya en esa página, en el cuadro que dice "Enter tickers," escribe cada uno de los símbolos de acciones de los fondos mutuos que te dio tu empresa. Pon una coma entre cada símbolo. Si no sabes los símbolos, para encontrarlos marca en el enlace de "Ticker lookup" (Búsqueda del Símbolo) junto al encabezamiento de "Enter tickers" (Escribe los Símbolos) que está encima del cuadro.

Aquí he puesto los símbolos de acciones salidos de mi ejemplo anterior. Tu pantalla debe lucir algo así:

Selecciona los fondos

(1) Escribe los símbolos de los fondos. Luego, marca "Add to list" (Añadir a la lista). También puedes usar el menú "Fund Comparison Ideas" (Ideas para la Comparación de Fondos).

Escribe los Símbolos Búsqueda del Símbolo

> AAAA, BBBB, CCCC,
> DDDD, EEEE, FFFF,
> GGGG

Anãde a la Lista
Separa los símbolos de los fondos con comas.

Ideas para la Comparación de Fondos

(2) Revisa tu lista, luego marca "Show Comparison" (Muestra la Comparación) para ver los resultados.

Para eliminar un fondo o una lista de comparación, marca su nombre y luego marca "Remove" (Eliminar).

Fuente: www.morningstar.com

Después, marca en la barrita azul claro que dice "Add to list" (Añade a la Lista). Verás aparecer los símbolos en un cuadrito justo debajo de ella.

Ahora marca en "Show Comparison" (Muestra la Comparación) en la parte inferior de tu pantalla. ¡Y aquí están! ¡Todos los fondos mutuos aparecen en tu pantalla como soldaditos en fila! Imprime esta página:

Así es como lucía la mía:

Nombre del fondo	Análisis de Morningstar	Pizarra de mensajes	Categoría Morningstar	Clasificación por Categoría	Clasificación por Estrellas de Morningstar	Rend. del año hasta ahora (%)	Porcent. de Gastos Generales (%)	Eliminar fondos
Fondo A	01-11-01	○	Largo Crecim.	❹	★★★★★	-9.09	0.62	eliminar
Fondo B	03-08-01	○	Europa	❸	★★★★	-8.46	1.05	eliminar
Fondo C	10-17-00	○	Interm-Medio Gob.	❺	★★★★	2.39	0.63	eliminar
Fondo D	03-05-01	○	Largo Crecim.	❹	★★★★	-18.90	0.85	eliminar
Fondo E	01-29-01	○	Largo Mezcla	❹	★★★★	-4.35	0.74	eliminar
Fondo F	01-08-01	○	Largo Crecim.	❷	★★	-17.61	0.74	eliminar
Fondo G	12-06-00	○	Doméstico Híbrido	❹	★★★★	0.69	0.64	eliminar

Fuente: www.morningstar.com

Si puedes, imprime los resultados que obtuviste en la pantalla. Cuando hayas acabado de analizar en esos papeles qué fondos debes eliminar, puedes regresar a la Internet para hacerlo allí. Sigamos.

Establezcamos una Jerarquía

Ahora que tienes una manera de explorar los detalles de los fondos ofrecidos por tu empresa que aparecen en este ejemplo, sigue estos pasos para que te guíen a través del proceso de eliminación:

PASO 1. *Descalifica cualquier fondo especializado*, que es aquel que invierte todo su dinero en una industria en específico, o cualquier *fondo extranjero*, que es aquel fondo que invierte todo su dinero fuera de Estados Unidos exclusivamente. La razón de esta eliminación inicial es que tanto los fondos mutuos *especializados* como los *extranjeros* exigen un escrutinio cuidadoso debido a su inestabilidad. Al invertir en un ramo exclusivo del mercado o en un mercado nuevo fuera de Estados Unidos, aumenta la vulnerabilidad de un fondo ante cambios súbitos, ya debidos a causas políticas o económicas, que han de tener un impacto directo sobre los rendimientos de sus inversiones. A largo plazo saldrás ganando si inviertes en fondos mutuos con valores diversificados entre ramos diferentes del mercado. La razón principal para tener un fondo mutuo en vez de poseer acciones individuales en una sola compañía es el hecho de que los fondos mutuos ofrecen diversificación al diseminar su dinero entre muchas diversas compañías. No pongas todos tus huevos en una sola canasta al limitar tu opción a un país de economía emergente o a un sector popular de la producción. *Para tus selecciones para el retiro, escoge entre las compañías estadounidenses y los fondos diversificados*. En este ejemplo, por tanto, marcaríamos "Remove" (Eliminar) para el Fondo B, ya que es un fondo especializado que invierte primordialmente en Europa. ¡Au revoir, Fondo B!

PASO 2. *Concéntrate en tu objetivo.* Si estás invirtiendo en busca de *crecimiento*, elimina cualquier fondo mutuo cuyo objetivo sea *ingreso*. En este ejemplo, vamos a suponer que te faltan siete años para llegar al retiro y estás más interesado en crear tu fondo de reservas. Por eso nos estamos enfocando en el crecimiento y podemos excluir cualesquiera fondos de bonos. El Fondo C es un fondo *de bono* del gobierno de término medio. Tú podrías considerar este fondo si estuvieras acercándote a tu edad de retiro, pero como estamos suponiendo que todavía te queda un largo tiempo para que estés listo para retirarte, vamos a eliminarlo de nuestra lista.

PASO 3. *Revisa los índices.* Este paso nos ayudará a concentrarnos en el tamaño de la capitalización y el estilo de inversión que han sido los más provechosos entre los fondos mutuos que tienen un objetivo de crecimiento. ¿Cuál es el tamaño de las compañías que han estado a la cabeza del mercado en los últimos años: las pequeñas, las medianas o las grandes? ¿Cuál es el estilo de inversión que ha ofrecido los mejores resultados? Ve a www.index funds.com para hallar la respuesta a estas preguntas.

A la izquierda de la pantalla verás un encabezamiento en verde que dice "Data Central" (Centro de Datos), luego "Jump to" (Salta a), y después una ventana que se extiende hacia abajo que dice "Retail funds" (Fondos en venta al público). Abre esa ventana extendible y escoge "Indexes." Ahora marca "Go!" (¡Ve!). Coloca una marca en los cuadros de "Large Cap," "Mid Cap" y "Small Cap," así como en los cuadritos más pequeños que están junto a las opciones de "Growth" (Crecimiento) y "Value" (Valor). Asegúrate de quitar la marca del cuadrito que está junto a "All Indexes" (Todos los índices). Le estamos pidiendo a la computadora que nos muestre qué tamaño de capitalización (grande, mediana o pequeña) y qué estilo de compañía (de valor o de crecimiento) ha estado a la vanguardia en los últimos años.

Tu pantalla debe lucir así hasta ahora:

Filtrador de Índices

Categorías:	**Arreglados según:** Rendimientos de un mes		
	Todos los Índices	Mercado Total	Combinaciones Cambiarias
✓ Cap. Grande	✓ Cap. Mediana	✓ Cap. Pequeña	Sector
✓ Crecimiento	✓ Valor	Bonos	Ingreso fijo
Global	Regional	País	Categorías Económicas

Fuente: www.morningstar.com

Luego, en la ventana extendible de "Sort by" (Arreglar según) que está encima de los cuadros de selección, pide que se arregle según los rendimientos de 3 años (marca "3-year returns"). Ahora marca donde dice "Screen!" (¡Filtra!) al final de tu página. Verás una lista de índices arreglados según sus rendimientos de tres años. Lucirá algo así. (Recuerda que tu lista puede ser diferente.)

	Categoría	3 Años	1 Mes	3 Meses	Año hasta ahora	1 Año	5 Años	10 Años
Crecimeinto Barra para Mid Cap	Crecimiento	11.39	−10.83	−18.15	−18.15	−24.91	17.40	15.33
Standard & Poor's Mid Cap 400	Mid Cap	8.88	−7.43	−10.77	−10.77	−6.95	16.30	16.06
Valor Barra para Mid Cap	Valor	6.37	−4.40	−3.44	−3.44	16.15	15.18	~
Valor Barra para Mid Cap	Valor	6.37	−4.40	−3.44	−3.44	16.15	15.18	~

Fuente: www.indexfunds.com

Imprime esta página antes de continuar. Ahora busca las palabras *small, mid* o *large cap*, así como las palabras *crecimiento, valor* o *mezcla*. ¿Qué encuentras en esta tabla?

Bueno, según la lista de índices comparativos, podemos ver que los mid caps están definitivamente a la cabeza, ya que asoman en los cuatro primeros lugares. A veces, sin embargo, el menú de fondos que nos ofrece nuestra empresa puede que *no* incluya una opción de *mid cap* o capitalización mediana. ¡Eso no se vale! *Pero eso puede suceder. Quizás no tengamos acceso a nuestra principal opción de inversión cuando tomamos una decisión de invertir en un 401(k) debido a que nuestra empresa no la ofrece.*

Antes de apagar tu computadora y decidirte a decirle cuarenta cosas a tu compañía por no ofrecerte una opción práctica de entre las categorías más provechosas de fondos mutuos en años recientes, examina las opciones que te han brindado. Ya tú no eres aquella persona que decía "tin marín de dos pingés" para escoger sus opciones de retiro, y tu meta es seleccionar la *mejor* inversión entre las opciones que tienes a tu disposición. El secreto en este caso es escoger inteligentemente.

Las opciones de fondos que nos quedan después de haber eliminado las menos atractivas del ejemplo de nuestra empresa son: grande y de crecimiento, grande y de mezcla, e híbrida doméstica.

Vamos a ver . . . el fondo híbrido doméstico queda descalificado, ya que en este ejemplo no nos estamos acercando a la edad del retiro, así que no estamos listos para comenzar a frenar nuestro potencial de crecimiento mediante la adición de bonos a nuestra cartera de valores. Adiosito, híbridos domésticos. Pon una marca en el cuadrito que está al lado del Fondo G y aprieta el enlace "Remove" (eliminar), para que así saques a ese fondo de tu lista. Las opciones que nos quedan ahora están entre grande/crecimiento y grande/mezcla.

Regresa a nuestra lista de índices y fíjate en que las palabras growth y value tienen la misma importancia entre los cinco primeros índices. El término *blend* (mezcla) se refiere a un estilo de inversión que combina inversiones tanto de crecimiento como de valor, así que observemos más detenidamente ambas opciones: grande/crecimiento y grande/mezcla de nuestro menú 401(k). Acabas de limitar tus opciones a cuatro: Fondos A, D, E y F.

Ahora regresa tres páginas atrás en tu computadora para que aparezca la página de Morningstar.com en la que vimos nuestra lista de fondos ofrecidos por el empleador.[1] En tu pantalla, abre el cuadro que está junto a "Snapshot View" (Vista Instantánea) y selecciona "Performance View" (Vista del Comportamiento). Luego marca el encabezamiento subrayado de "3-Year Return (%)" (Rendimiento de 3 años [%]); esto pondrá los fondos mutuos en orden de acuerdo a sus rendimientos, de mayor a menor, durante ese período de tiempo.

Esto es lo que se vio en mi pantalla:

Nombre del Fondo	Rend. del año hasta ahora (%)	Año hasta ahora (%)	Rend. 1 Mes (%)	1 Mes (%) Rango	Rend. 1 Año (%)	1 Año (%) Rango	▼Rend. 3 años (%)	3 Años (%) Rango	Rend. 5 años (%)
Fondo A	-18.90	84	10.33	35	-27.34	55	16.93	7	17.23
Fondo D	-4.35	24	9.20	21	-14.00	55	8.69	15	14.60
Fondo E	-9.09	31	4.71	92	-13.92	14	8.18	41	13.84
Fondo F	-17.61	79	14.53	6	-38.74	90	7.84	43	12.61

Fuente: www.morningstar.com

Imprime una tarjeta de anotaciones de fondos candidatos nueva y escribe en ella los nombres de los cuatro fondos que aparecen en tu pantalla. Escribe el total de rendimientos de los períodos de un año, tres años y cinco años de cada fondo.

Marca el primer fondo de tu pantalla. Verás el informe Morningstar Quicktake® para ese fondo mutuo en particular.

De aquí en adelante sigue los mismos pasos que cubrimos en el Capítulo Ocho para clasificar un fondo mutuo. Revisa Morningstar® Category Rating™, el beta, los costos y el rendimiento total neto. Escríbelo todo en tu tarjeta. Recuerda también revisar el prospecto de tu fondo antes de tomar la decisión final. Luego, sirviéndote de los criterios que hemos explicado en este libro, escoge tu fondo ganador.

Al seleccionar tus fondos mutuos, acuérdate de que eres un inversionista, no un coleccionista, así que resiste la tentación de incluir todos los candidatos

[1]Si tu buscador no te permite regresar tres pantallas atrás, sencillamente vuelve a marcar los pasos de esta manera: 1. Ve a www.morningstar.com. 2. Escribe los símbolos de los fondos de nuevo en el cuadro "Enter Tickers" del fondo, usando una coma para separar cada símbolo. 3. Marca "Add to List." 4. Marca en "Show Comparison." Ahora regresarás a donde necesitas para seguir con nuestro ejercicio.

posibles en tu repertorio de inversiones. No puedes darte el lujo de disparar a ciegas, con la esperanza de darle a algo. Apunta hacia aquellos que tienen un buen récord de antecedentes y los más bajos niveles de riesgo. Vas a descubrir que es mucho más fácil estar al tanto de tus inversiones si limitas tus opciones a una a dos de las mejores en un período determinado.

Por el Camino Dorado hacia tu Sueño

Evalúa tus inversiones 401(k) una vez al año, igual que harías con cualquier otra inversión de fondos mutuos, y haz los cambios apropiados cuando son indispensables para asegurarte de que te mantienes fiel a tu objetivo financiero y a tu tolerancia ante el riesgo. Esto se trata en el Capítulo Nueve. Utiliza los mismos lineamientos que has aprendido en el Capítulo Once para reordenar tus opciones de cuentas de retiro al ir acercándote a tu meta de retiro.

Si te aseguras de mantenerte en el camino correcto a lo largo de tu viaje, obtendrás muchos beneficios cuando llegue el momento de entrarle a martillazos al cochinito que tienes destinado a tu retiro.

¿Y es Esto Todo?

Pues bien, ya lo tienes. Ahora sabes cómo establecer un fondo de reservas para tu retiro de manera que en tus años dorados puedas sentirte satisfecho y libre de preocupaciones. Has aprendido a dar pasos lentos y metódicos para garantizar que en tu viaje hacia la independencia financiera escogerás el mejor chofer posible que puedes pagar para que te conduzca hacia tu meta. Has dedicado el tiempo necesario a construir una base sólida. Ninguna moda pasajera es lo suficientemente buena para tu dinero. Oirás hablar de fondos llamativos que posiblemente no tengan lo que hace falta para llegar, pero tú continuarás, con la absoluta certeza de que no puedes darte el lujo de salirte de tu ruta establecida. Tus decisiones se han basado en un récord de antecedentes y métodos comprobados.

Lo que inspira tu disciplina y tu perseverancia es la libertad de disfrutar tu vida al máximo, y tú sabes que hace falta dinero para obtener esa libertad. Después de todo, tú no quieres tener que depender de la benevolencia de otra persona en tu tercera edad.

Una vez que hayas realizado tu tarea y abierto tu cuenta de retiro, archiva tus papeles hasta el año próximo, cuando llegue el momento de revisar tus inversiones. Por ahora, concéntrate en vivir tu vida, felicítate por haber tomado la iniciativa de trazarte un camino.

El paso último y final en tu ruta hacia la libertad financiera es asegurarte de que puedes disfrutar de tu bien ganado fondo de reservas con la confianza de que nunca vas a carecer de dinero. ¿Un crucero por las Bahamas? ¡Adelante! ¿De regreso a la escuela para estudiar literatura? ¿Por qué no? Has planeado bien tu vida, y debes beneficiarte del fruto de tus esfuerzos ¡como mejor te venga en ganas!

En el próximo capítulo te mostraré cómo gastar y disfrutar sin complejos de tu dinero, sin temor de que se te vaya a acabar. Después de todo, ¡te conviene estar seguro de que tu dinero dura por lo menos tanto como tú!

CAPÍTULO TRECE

Disfruta del Producto de tu Trabajo

En Cuba, cuando yo era una niña, me hacían muchísimos cuentos. Era parte de la tradición familiar sentarnos después de la cena para escuchar a Abuelita contarnos historias o pequeñas moralejas que inspiraban miedo, y que contenían enseñanzas para advertirnos sobre posibles peligros . . . Era su manera nada sutil de intentar enseñarnos a los niños a que nos portáramos bien.

Una historia que recuerdo especialmente era acerca de un mono. Este mono estaba tan hambriento que se atrevió a salir de su cueva e ir hacia lo desconocido en busca de alimento. Después de horas de búsqueda, finalmente se tropezó con una mata de bananas llena de suculentas frutas. El mono miró a su alrededor, temeroso de que alguien más hubiera detectado semejante tesoro; quería quedarse él solo con todo este botín. Apresuradamente, empezó a arrancar racimos y racimos de bananas.

Camino de regreso a su cueva, el mono empezó a preocuparse con la idea de qué iba a hacer para encontrar más alimentos después que se hubiese comido todas sus bananas. Hubiera querido encontrar la manera de que sus frutas le duraran para siempre. Como no tenía una mona madrina que le convirtiera su deseo en realidad, al monito se le ocurrió que se comería primero todas las cáscaras de las bananas y que dejaría lo mejor para último. Y eso fue exactamente lo que hizo el mono. Con gran esfuerzo, masticó y se tragó las amargas cáscaras, una por una. Con cada agrio bocado, se imaginaba la riquísima comida que vendría después. Cuando terminó de sufrir con la agonía de tragarse las repugnantes cáscaras, se sentía demasiado lleno como para comerse la parte deliciosa que con tanto fervor había dejado para el final. Pasaron los días antes de que pudiera pensar en probar otro bocado. Y cuando nuestro amigo el mono tuvo hambre otra vez, sus preciosas bananas se habían convertido en una masa podrida e imposible de comer.

He conocido cientos de clientes que están ahorrando sus "bananas" y comiéndose las cáscaras mientras tanto, porque temen que se les acabe el dinero. Las mujeres, sobre todo, tienden a vivir por debajo del nivel de vida que pueden permitirse sin problemas, porque temen que, en un momento futuro de sus vidas, no vayan a tener suficiente dinero. Y por eso ahora intentan prescindir del dinero. Es triste ver que tantas personas jubiladas no disfrutan del resultado de su trabajo mientras todavía les queda juventud y salud. Acaban pasándole a la siguiente generación sus sacrificios de toda la vida, lo cual resulta beneficioso para quienes los heredan, pero es triste cuando sabemos que podía haber habido un término medio entre absoluta frugalidad y loca frivolidad.

Pero tú no tienes por qué vivir esta lamentable situación. Me alegra decirte que puedes comerte tus bananas a gusto, sin que por eso se te acaben todas.

Al aprender a invertir tu dinero, das el primer paso para que cuando te retires no tengas un sentimiento de culpabilidad. Y si sigues invirtiendo tu dinero mientras disfrutas del ingreso que produce, aumentarás tus posibilidades, no sólo de hacer que tu dinero dure, sino también de que te quede algo para dejarles a tus seres queridos.

Para que tu Tesoro No se te Acabe

Supongamos que tienes un pote lleno de dinero destinado a pagar tus gastos de vivienda, de ropa, de comida, de entretenimiento . . . en fin, todas tus necesidades y placeres durante tus años de retiro. Has llenado este pote pasito a pasito durante años, con la ayuda de las ganancias que has generado a través de inversiones responsables y disciplinadas.

En el momento del retiro, estás listo para comenzar a extraer dinero de este pote que ahora está creciendo a un paso más lento, pero más estable, que el ritmo de crecimiento que tenía cuando trabajabas, debido a que cuando estabas cerca del retiro cambiaste a una estrategia de ingreso para proteger el capital invertido.

¿Cuánto dinero puedes darte el lujo de extraer mensualmente? ¿Cuánto te demorarás en vaciar el pote? ¿Sería realmente posible que nunca llegaras a vaciarlo por completo?

Para poder responder a estas preguntas, necesitarías saber lo siguiente:

1. *Cuánto dinero has acumulado.* Esta será la cantidad total de dinero que has invertido (y ahorrado) en todas tus cuentas.

2. *Cuánto dinero necesitas para vivir y disfrutar de tu vida.* Una vez que sepas cuánto dinero necesitas ahora mensualmente, multiplica esa cantidad por doce para obtener la cantidad anual que necesitas recibir.

3. *Cuánto dinero vas a recibir, si acaso recibes algo, de cualquier otra fuente que no sean tus inversiones.* Esto podría ser de una pensión laboral, del Seguro Social, etc. Si es una cantidad mensual, multiplícala por doce.

4. *Cuánto dinero necesitas que tu cuenta produzca anualmente.* Resta la cantidad del paso 3 de la cantidad del paso 2. El resultado será la cantidad anual que necesitas que tus inversiones produzcan.

5. *El porcentaje que extraerás anualmente de tu fondo de reservas.* Divide la cantidad obtenida en el paso 4 entre tu cantidad total acumulada (paso 1). Multiplica el resultado por 100.

6. *El verdadero rendimiento neto promedio de tus inversiones.* ¿Recuerdas cómo calculamos este rendimiento? Dimos los pasos para calcularlo cuando hicimos la revisión anual de nuestras inversiones: observamos nuestro saldo final, lo restamos de nuestros depósitos y averiguamos qué por ciento estábamos obteniendo de nuestras inversiones. Asegúrate de incluir todas tus cuentas.

Antes de seguir para calcular cuánto te durará tu dinero, tal vez quieras situar tus respuestas en una pequeña gráfica como esta: Seis Pasos para Hacer que Duren tus Ahorros, la cual puedes imprimir si la bajas de www.JulieStav.com.

Seis Pasos para Hacer que Duren tus Ahorros

Paso 1: Total de $ acumulado

Paso 2: $ que se necesita por mes × 12

Paso 3: Otras fuentes de ingreso (si son mensuales, cantidad × 12)

Paso 4: Cantidad anual que tu inversión tiene que producir (paso 2 − paso 3)

Paso 5: Por ciento que representa el ingreso anual (paso 4 ÷ paso 1 × 100)

Paso 6: Tasa real de rendimiento de tus inversiones

Paso 7: Años que durarán tus ahorros

Ahora calcula—basado en tu actual tasa de rendimiento—cuánto tiempo durarán tus ahorros. Usa la siguiente tabla, a la cual llamo cariñosamente mi "Tabla Elástica," ya que te mostrará cuánto puedes estirar tu dinero para que te dure todo lo que deseas. No te dejes asustar por todos estos números; sencillamente, respira hondo. Ahora, en la columna de la izquierda, busca el porcentaje de tu cuenta que necesitarás cada año (tu cantidad para el paso 5). Desliza el dedo a través de la tabla hasta que estés debajo de la columna que representa tu tasa real de rendimiento (paso 6). El número en ese recuadro es la cantidad de años que tus ahorros te durarán, si la tasa de rendimiento actual sigue vigente.

LA TABLA ELÁSTICA:
Años que te Durarán tus Ahorros Según Diferentes Tasas de Extracción y Rendimiento

¿Qué porcentaje de tu cuenta necesitarás por año?	¿Cuál es tu rendimiento anual promedio en todas tus inversiones?							
	4%	5%	6%	7%	8%	9%	10%	11%
5%	41 años							
6%	28	36 años						
7%	21	25	33 años					
8%	17	20	23	30 años				
9%	15	16	18	22	28 años			
10%	13	14	15	17	20	26 años		
11%	11	12	13	15	16	19	24 años	
12%	10	11	12	13	14	16	18	23 años

Vamos a repasar otra vez este proceso. Supongamos que te las has arreglado para acumular $400,000 en todas tus cuentas. Esta cantidad incluye tu 401(k), tus IRA, tus ahorros, tus T-bills y hasta el dinero que has escondido en la lata de café que está encima de la despensa de la cocina.

Paso 1: Total de $ acumulado $400,000

Paso 2: $ que se necesita por mes × 12

Paso 3: Otras fuentes de ingreso (si son mensuales, × 12)

Paso 4: Cantidad anual que tu inversión tiene que producir (paso 2 – paso 3)

Paso 5: Por ciento que representa el ingreso anual (paso 4 ÷ paso 1 × 100)

Paso 6: Tasa real de rendimiento de tus inversiones

Paso 7: Años que durarán tus ahorros

Crees que vas a necesitar $4,000 al mes para poder vivir el tipo de vida que tanto luchaste para conseguir. Eso es $48,000 al año. ¡Espera! Ya el Seguro Social te está pagando $1,000 al mes. Así es como calculas la cantidad que necesitas que tus inversiones te aporten anualmente:

$$\$4,000 - \$1,000 \text{ del SS} = \$3,000 \text{ al mes}$$

$$\$3,000 \times 12 \text{ meses} = \$36,000 \text{ al año}$$

Vas a tener que extraer $36,000 de tus inversiones cada año para poder pasarla bien y no preocuparte por el dinero.

Paso 1: Total de $ acumulado $400,000

Paso 2: $ que se necesita por mes $\times$ **12** $48,000

Paso 3: Otras fuentes de ingreso ($1,000 $\times$ 12) = $12,000

Paso 4: Cantidad anual que tu inversión tiene que producir ($48,000 − 12,000) = $36,000

Paso 5: Por ciento que representa el ingreso anual (paso 4 ÷ paso 1 $\times$ 100)

Paso 6: Tasa real de rendimiento de tus inversiones

Paso 7: Años que durarán tus ahorros

Ahora es necesario que averigües el porcentaje que esos $36,000 representan de $400,000. Para eso, vas a dividir $36,000 entre $400,000 y a multiplicar el resultado por 100 para obtener un porcentaje:

$$\$36,000 \div \$400,000 = 0.09$$

$$0.09 \times 100 = 9\%$$

Paso 1: Total de $ acumulado $400,000

Paso 2: $ que se necesita por mes $\times$ **12** $48,000

Paso 3: Otras fuentes de ingreso ($1,000 $\times$ 12) = $12,000

Paso 4: Cantidad anual que tu Inversión tiene que producir ($48,000 − 12,000) = $36,000

Paso 5: Por ciento que representa el ingreso anual ($36,000 ÷ $400,000 $\times$ 100) = 9%

Paso 6: Tasa real de rendimiento de tus inversiones

Paso 7: Años que durarán tus ahorros

Vas a tener que extraer un 9 por ciento de tu cuenta todos los años. Pero, ¿cómo afectará esa extracción de dinero al saldo a medida que pasen los años? Supongamos que el rendimiento anual promedio de todas tus inversiones juntas es un 8 por ciento.

Ahora mira la Tabla Elástica y busca 9 por ciento a lo largo de la columna izquierda. Pon el dedo allí. Busca 8 por ciento a través de la parte superior y desliza el dedo hasta que encuentres el recuadro que corresponde a ambos números. El resultado es veintiocho años. Tus cuentas te durarán veintiocho años si continúas extrayendo un 9 por ciento cada año mientras ganas un rendimiento promedio de un 8 por ciento.

Paso 1: Total de $ acumulado $400,000

Paso 2: $ que se necesita por mes × **12** $48,000

Paso 3: Otras fuentes de ingreso ($1,000 × 12) = $12,000

Paso 4: Cantidad anual que tu inversión tiene que producir ($48,000 – 12,000) = $36,000

Paso 5: Por ciento que representa el ingreso anual ($36,000 ÷ $400,000 × 100) = 9%

Paso 6: Tasa real de rendimiento de tus inversiones 8%

Paso 7: Años que durarán tus ahorros 28

Hay dos maneras en que puedes lograr que tu dinero dure más tiempo. Una es que saques menos de tus cuentas con regularidad. Eso significa que tendrás que gastar menos. ¡Qué horror! Y la otra es arreglar las cosas de forma que aumentes tu rendimiento promedio en sólo 1 por ciento, y en ese caso tu dinero te durará para siempre, ya que no tendrías que tocar en absoluto el principal, y tus ganancias serían suficientes para satisfacer tus necesidades. Esta última alternativa es la mejor.

Podrías lograr esto con sólo transferir un poco más de dinero desde un fondo que produzca poco a un fondo que pague más. Por ejemplo, tal vez quisieras sacar un poco de dinero de tu fondo de bonos y transferirlo a tu fondo híbrido doméstico, si el rendimiento total de este es mayor. Es posible que este ligero ajuste sea todo lo que haya que hacer. Tu meta es generar dinero suficiente en tus cuentas de inversión como para que nunca se te acabe.

Al reevaluar tus inversiones todos los años, si ya estás retirado o dependes de tus inversiones para tener un ingreso estable, te beneficiará tomarte el trabajo de calcular la tasa a la que tu cuenta se está reduciendo debido a tus extracciones. Hoy día podemos esperar que vivamos hasta bien avanzados los ochenta o los noventa años de edad, y eso significa que nuestro dinero nos tiene que durar por lo menos tanto como nosotros duramos. Vas a disfrutar de poder gastar mucho más si sabes que no correrás el riesgo de que el dinero se te acabe.

Bueno, pues ahí lo tienes. De eso se trata todo. Utiliza este libro. Aprende mi sistema con la diana del tiro al blanco, las cinco claves del fondo mutuo ideal más la clave de regalo, y las tarjetas de anotaciones. Aplícalo para tomar tus decisiones de inversión. Cuando lo hagas, nunca más tendrás que malgastar tu precioso tiempo preocupándote por tu futuro. Por el contrario, tu precioso tiempo podrás dedicarlo a hacer realidad tus sueños, pues tu futuro estará respaldado por tus inversiones.

¡Bueno, lo logramos! Estoy muy orgullosa de ti porque no te diste por vencido a lo largo del trayecto.

Tomar en tus propias manos el control de tu destino financiero es como limpiar tu armario. Puede que logres posponerlo por mucho tiempo, pero llegará el momento en que descubras que te estás poniendo siempre la misma ropa debido a que ya ni sabes lo que tienes allí guardado.

Tal vez también te estés "poniendo siempre la misma ropa" con tu dinero, pensando que estás en una situación peor de la que realmente tienes. Por mucho temor, y pocas ganas, que te inspire al principio (y hasta un poco después también), cuando te metas de lleno en poner en orden tu vida financiera sentirás que eres capaz de ejercer poder sobre las situaciones de tu vida y que estás en control de tu destino. Y ese es el sentimiento más maravilloso que podrás experimentar.

Es posible que no te sea posible transformar tu vida financiera en un solo día, ni en una semana, o ni siquiera en un año, pero con planear la realización de tus sueños, en lugar de meramente hacerte ilusiones de que te vas a ganar la lotería, ya tienes ganada la mitad de la pelea.

Al llegar hasta este punto, has aprendido un sistema con varias herramientas que puedes usar para seleccionar aquellas inversiones que te conducirán a tu cima financiera. Como punto de partida, puedes decidirte utilizar un poquito, parte o todas las orientaciones que hemos repasado juntos, o tal vez decidas avanzar por tu propia senda. Después de todo, mi método no es el único método que existe. De cualquier forma, me siento honrada de haber puesto ante tus pies otra piedra para que avances hacia tu meta.

Tú Eres la Estrella

Antes de despedirnos por ahora, me gustaría compartir contigo una breve historia que escuché hace muchos años, cuando era maestra de primer grado en Los Angeles. Es de autor desconocido, pero su lección sirve de recordatorio constante de mi responsabilidad personal en este planeta. Dice así:

Un día, un hombre estaba caminando junto a la orilla del mar. Notó que durante la noche muchos caracoles y estrellitas de mar se habían desplegado sobre la orilla. Deseoso de disfrutar del sol de la mañana y del aire fresco, el hombre caminó millas enteras sobre la arena.

A lo lejos, vio la pequeña figura de alguien que estaba bailando. Sintió el súbito regocijo de ver que alguien celebraba la vida tan grandiosa y libremente. Al acercarse, sin embargo, se hizo evidente que quizás la figura no estaba bailando, sino ejecutando un ritual una y otra vez.

Al caminar hacia la pequeña figura, el hombre notó que se trataba de una niña, quien estaba recogiendo metódicamente estrellitas de mar de la orilla y tirándolas de nuevo al mar. El hombre se detuvo por un momento, confundido, y luego preguntó:

—¿Por qué estás tirando esas estrellas de mar?

—Si dejo estas estrellitas sobre la playa—contestó ella—, el sol las secará y se morirán. Por eso estoy devolviéndoselas al agua, porque quiero que vivan.

El hombre permaneció en silencio durante un momento, impresionado por la consideración demostrada por la niña. Entonces señaló hacia las millas y millas de playa y dijo:

—¡Pero debe haber millones de estrellitas de mar por todo esto! ¿Cómo vas a pensar que lo que estás haciendo vaya a cambiar las cosas?

La chiquilla meditó un instante en lo que el hombre había dicho. Entonces se inclinó lentamente, estiró la mano y con cuidado recogió otra estrella de mar de la arena. Tomó impulso y la lanzó al agua.

Se volvió hacia el hombre y sonrió.

—Tal vez tengas razón—dijo—, pero a esa le cambié las cosas.

Yo creo firmemente que cuando el estudiante está listo para aprender, el maestro aparece, y confío en que por lo menos a uno de ustedes le he dado el estímulo para tomar el control de su vida financiera. Si lo he logrado, entonces mi esfuerzo ha valido la pena.

Este es sólo el comienzo de tu maravilloso viaje. Te animo a que aprendas a mejorar lo que ya has conseguido, para que puedas luchar por tus riquezas. Esto se aplica tanto a tu vida personal como a tu vida financiera. Todos tenemos derecho a disfrutar la abundancia del universo, y el dinero es solo una parte de esa abundancia.

Ven a visitarme a mi sitio Web en www.JulieStav.com y comparte conmigo tus experiencias personales. Como siempre, agradeceré tu aporte y me encantaría enterarme de cómo mi sistema te ayudó a invertir en tu futuro.